JN086354

アクティベート
保育学

汐見稔幸・大豆生田啓友［監修］

14 障害児保育

榊原洋一・市川奈緒子・渡邉英則［編著］

ミネルヴァ書房

シリーズ刊行にあたって

幼稚園教育要領、保育所保育指針、幼保連携型認定こども園教育・保育要領が改訂（定）されました。この３文書の改訂（定）は、わが国の乳幼児教育・保育の世界にとって、とても大きな意味をもっています。たとえば、幼稚園・保育所・認定こども園には共通の教育機能があることが明示されたこと、「子ども主体の遊びが学び」だという乳幼児教育・保育の考え方を踏まえたうえで、小学校以降の教育への接続を図ることがより明確化されたこと等々があげられます。

それは、乳幼児期の保育の質の重要性を明らかにした研究や世界的な動向、子ども・子育て支援新制度の流れを受けた、すべての園が質の高い教育・保育を保障することをより具現化する改訂（定）でもあります。つまり、これからの時代は、すべての園が、子ども主体の遊びを通した学びを保障することがより求められるのです。

そして、この改訂（定）を受けて、幼稚園教諭の教職課程にはコアカリキュラムが導入され、保育士養成課程も改訂されました。本シリーズはこのような動向を踏まえ、新しい時代の学力観に基づいた保育者養成を見据えた内容と構成となるように考えました。

そこで、本シリーズにおいては、学生が身近なＷＯＲＫを通して、主体的・対話的に学べるように、そして深い学びへとつながるような工夫を行っています。学生自身が、子どもや保育の学びに主体的に、ワクワクしながら、時には教室を離れて、仲間と協同的に学ぶことができることを目指しました。

子どもの保育に関わる世界はとても魅力的なものです。保育って、最高におもしろいのです。どうか、このテキストが、学生のみなさんにワクワクしながら使ってもらえることを期待しています。

2019年２月

監修者　汐見稔幸・大豆生田啓友

はじめに

初めて「障害児保育」を学ぶ方々にとって，「障害児」のイメージとはどのようなものでしょうか。

- 何かができない（またはできないことが多い）ために，たくさん助けてあげないといけない子ども
- 集団で動く時についていけない子ども
- 集団を乱す子ども
- 手のかかる子ども

……このようなイメージが多少なりともありませんか？

実は「障害」とは難しい概念です。「障害」の考え方には２つの対照的な考え方があります。一つは，「障害とはその個人に存在するもの」という考え方です。これを「障害の医学モデル」といいます。この考えに沿えば，個人を訓練したり治療して「障害」を軽減したり克服させることが支援となります。もう一つの考え方は，「障害の社会モデル」といい，「障害とは社会，またはその個人と社会との相互作用にある」という考え方です。この考え方に沿うと，変わるべきはその個人ではなく，個人を取り巻く社会であったり，保育でいえば園や保育であるということになります。

今の社会であれば，「障害者」と位置付けられる人たち，たとえば「盲」の方々も，もしこの社会が「盲」といわれる人たちだけの社会であれば，「障害」とは位置付けられるはずもないでしょう。つまり，「障害」とは絶対的なものではなく，実は社会の中で少数派であるために生きづらくなっているという，相対的なものでもあるのです。そして，「支援」といわれるものは，少数派であるために生きづらさを社会の中で感じざるを得ない立場にいる人たちの権利の保障なのです。

みなさんが本書を読み，本書で学んでいくうちに，本書は決して「障害児保育における『正しい答え』」を並べているものではないこと，そして，鋭いみなさんであれば，本書における「障害」は「医学モデル」における「障害」を指しているものではあるものの，各章の執筆者の立ち位置が「医学モデル」と「社会モデル」との間にあり，執筆者によって，医学モデル寄りの人，社会モデル寄りの人と，一通りではないことも理解されてくるのではないかと思います。そしてもちろん，「唯一の正しい立ち位置」が存在しているものでもないということも気が付かれるかと思います。

みなさんが将来保育者となって出会うのは，どのような子どもであってもまぎれもなく一人の人間としての「子ども」です。ですから，保育者が向き合うべきものは「障害」ではなくその子ども自身です。そして求められているものは，一人一人の子どもの素敵なところ，伸びようとしている力を見出し，それらを安心安全な環境の中で発揮していくことを見守り，サポートしていくことです。それはある意味，保育を受ける子どもたちにとっての当たり前の権利を守ることであることも忘れないでいたいことです。

保育の「答え」はつねに「目の前の子ども」が教えてくれます。そのことに何度でも立ち返ることができるような，そんな力をみなさんの中に醸成できれば，編者のひとりとして望外の喜びです。

2021年1月

編著者を代表して　市川奈緒子

目　次

第5章 障害のある子どもを理解する 75

第Ⅲ部 保育のなかで子どもが育つとは

第6章 人が育つ，発達するとは 91

第9章　園に求められる受け入れ体制　139

第Ⅳ部　家庭や地域との連携

第12章　小学校等との接続　191

第13章　障害の有無にかかわらず地域で育つために　207

本シリーズの特徴

シリーズ「アクティベート保育学」では，読者のみなさんが主体的・対話的で深い学びを成就できるよう，以下のような特徴を設けています。

●学びのポイント

各章の扉に，押さえてほしい要点を簡潔に示しています。これから学ぶ内容の「ポイント」を押さえたうえで読み進めることで，理解を深められます。

●WORK

各章の冒頭に「WORK」を設けています。主体的・対話的に WORK に取り組むことで，より関心をもって学びに入っていけるように工夫されています。

●導　入

本論に入る前に，各章の内容へと誘う「導入」を設けています。ここで当該章の概要や内容理解を深めるための視点が示されています。

●まとめ

章末には，学んだ内容を振り返る「まとめ」を設けています。

●さらに学びたい人のために

当該章の内容をさらに深めることができる書籍等をいくつか取り上げ，それぞれに対して概要やおすすめポイントなどを紹介しています。

●カリキュラム対応表

「目次構成」と「教職課程コアカリキュラム」・「保育士養成課程教授内容」との対応表を弊社ウェブサイトに掲載しています。詳細は，以下の URL から各巻のページに入りご覧ください。

〈https://www.minervashobo.co.jp/search/s13002.html〉

第Ⅰ部　障害児保育とは何か

第1章
かかわりの難しい子どもとの出会い

●●● 学びのポイント ●●●

・障害のある子どもを自分がどう見ているかを確認する。
・障害のある子どもを受け入れるとはどんなことかを学ぶ。
・障害のある子どもと共に生活することにどんな意味があるかを学ぶ。

WORK 障害のある子どもを受け入れるとは

障害のある子どものことを，自分がどう見ているかを考えてみましょう。

1．障害児を自分のクラスに受け入れる

あなたが保育者になって担当しているクラスに，ダウン症の子どもが入園してくることになりました。次のような状況がある中で，あなたはどのようにその子を受け入れますか。

- 体力的にも，また知的にも，みんなと一緒の行動はできないと保護者がいっています。この子が自分のクラスに入ると，いま以上に手のかかる子が増えそうです。
- この子にはフリーの保育者がついてくれることになりました。手のかかる場面はありそうですが，フリーの保育者に任せても大丈夫そうです。

2．障害児として生まれた自分の子どもを受け入れる

あなたは結婚をして，待望であった子どもが生まれることになりました。その子どもが生まれた時に，医師から，突然，子どもはダウン症であることを告げられました。

① 自分の子どもがダウン症（もう少し広い意味で，様々な障害のある子と考えてみることも可です）であるということが，想像できますか？
また，どのように受け入れることができるでしょうか？

② 「1.」の問いで，自分のクラスに障害児を受け入れる場合に思ったことと，自分の子どもが障害児かもしれないという時とでは，何か違いはありましたか？

導　入

本書では，保育者になるみなさんが，障害のある子どもをどのように受け入れ，保育していくかについて学んでいきます。様々な障害児についての専門的な知識などに触れる前に，本章では，特にみなさんが，子どもと共に生きる人として，当事者であるその子の気持ちや，親の気持ちなどを，感じたり，わかろうとする人であってほしいと願い，自分の意見や思いを出し合って話し合ってもらいたいと思います。話し合いの中で，多様な意見を聞いたり受け入れたりすること，このような経験こそが障害児保育のキーとなっていきます。

1　障害のある子どもとの出会い

冒頭の WORK の「1.」と「2.」をやってみて，障害児に対して，自分の考えに違いはあったでしょうか？　また，周りの人と話し合う中で様々な意見も出たと思います。そこにはどんな違いがありましたか？

本章では，かかわりの難しい子どものことを学んでいきますが，みなさんがどのようにかかわりの難しい子どもと出会い，そこで何を感じ，どうかかわっていくかは，それぞれ大きく異なります。家族や親族に障害のある子どもがいたり，これまでの学校生活の中で，クラスに障害のある子どもがいて，一緒に生活した経験があったりすると，より身近に障害のある子どものことが考えられるかと思います。

WORK では，生まれてすぐに障害名がわかるダウン症児について話し合ってもらいました（生まれる前から，身体等に疾患があることがわかっている子なども多いです）。自閉症の傾向のある子どもの場合などでは，2歳以降になって，何か他の子どもと違って育てにくい，言葉が出ないなどのことから，療育センターなどへの相談を経て，診断名がつくことも多々あります[*1]。

障害のある子どもといっても，本当に多様な子どもたちがいます。一人一人

＊1　各障害の特徴などについては，本書第４章参照。

個性が違っていて，それぞれの子どもは一生懸命生きています。医師から診断名が出ると，どうしても障害名にとらわれて，どうその障害のある子どもにかかわればよいかを知りたくなりますが，本書を通して，できれば障害のある子どもも，また障害名がない子どもであっても，一人一人の子どもと出会ってほしいと思います。子どもが生まれ一生懸命生きようとしていること，そのことだけでも大変貴重なことなのです。そこに保育者として，あなたがどうかかわるかを，一緒に考えてほしいのです。

次に，生まれてすぐに，自分の子どもがダウン症であることがわかったお母さんの手記を紹介します。自分の生んだ子どもに障害があることを，親がどのように受け入れていくか，少し長い文章ですが，読んでみてください。

その上で，あなたが保育者として，これから障害のある子どもに，どのようにかかわっていこうとするかを，改めてグループで話し合ってみましょう。また新たな意見や視点が出てくるのではないかと期待しています。

エピソード１　ダウン症の子どもが生まれたお母さんの手記

出産直後に私たち夫婦は考えてもみなかった，まさに【人生最大級の壁】にぶち当たりました。出産自体は本当に安産で，大きな産声も聞かせてくれた次男。その後，すぐに，医師から「酸素濃度が安定しないから念のため大きい病院に搬送しようかと思います」という話がありました。

呼吸障害としては軽度だったので，大きい病院に任せれば大丈夫だと，そこまで心配はしていなかったのですが，産後２日目に両親そろって話を聞いてほしいと連絡があり，「21トリソミー，いわゆるダウン症の疑いがある」と告知を受けました。

妊娠中の経過はいたって順調で，胎児ドックといわれる精密超音波検査も３回ある産院だったので，何かあれば見つかるはずと思っていました。ダウン症の疑いがあることは，産んだ産院の先生もびっくりの本当にまさかのできごとでした。

家族が増えたという喜びから，まさに一気に地獄に突き落とされたような気がしました。最初は自分の身に起きたできごととは思えず，ドラマみたいだな〜っとすら思えました。

赤ちゃんは生きていけるのだろうか？　この子の未来はただ誰かのお荷物になってしまうだけなのではないか？　長男は弟の障害を受け止められるのかな？　弟に障害があることで，兄が嫌な思いをしたり，結婚の時に問題になったりしないだろうか？　そもそも，私自身がこの子のことを長男と同じように愛せるのだろうか？　これからどんな世間の目が待っているのだろうか？　それに耐えられるのだろうか？

こんなマイナスな想いばかりが永遠とループされ，会えるのを楽しみに楽しみに待っていた妊娠期間の10か月がやっと終わりを迎え，頑張って産まれてきてくれた息子なのに，ダウン症って聞いた途端に，次男とどう向き合えばいいかわからなくなってしまった自分に心底失望していました。

「おめでとう」という言葉が胸に突き刺さり，社会の目が怖くなり，産後思い描いていた幸せ一色の生活とはかけ離れた状態に，ただただ涙する日々でした。

ダウン症は通常46本の染色体が47本あることで起こる染色体異常で起こります（21番目といわれる染色体が通常２本なのに３本と多く持っています)。ダウン博士が発見したからダウン症ということの他に，以下のようなこともわかってきました。

- 体の発達も知能の発達も健常の子に比べ倍の時間がかかるけど，できることはちゃんと増えていくこと。
- その発達も個人差がとても大きいこと（大学に進学して，自立，一般企業に就職，結婚する人もたくさんいるそうです)。
- 顔の真ん中部分の発達が遅く，顔の外側の発達スピードは速いのでダウン症特融（ママ）の特徴のある顔になりやすいこと。
- ニコニコ穏やかで感受性が高く，優しい心を持つ子が多いという特性があること（だからダウン症児は天使といわれるそうです)。
- 特化した才能を持ち合わせている可能性があること（書道家の方やピアニストなどで活躍されてる方もいますよね)。
- 免疫が弱く，ただの風邪でも重症化しやすい，てんかんや白血病のリスクも高くなること。

ダウン症ってこんな障害なんだということを初めて知りました。ダウン症のような染色体異常のある子は，ママのお腹の中で８～９割の確率で流産してしまうそうです。女性の初期流産は４～６人に１人に起こると言われていて，その多くの原因がこの染色体異常です。言ってしまえば，高い確率で染色体異常の子を妊娠する可能性は誰にでもあるんです。

ダウン症の子が産まれてくる確率は1,000分の１。特に原因はなく，本当にたまたまの確率で発生する障害です。産まれるだけでも，１～２割の確率に入った奇跡の子。母体の状態がいいこと，そして赤ちゃんの強い意志と生命力あってこそ産まれてこられるそうです。

さらに，その奇跡の確率で産まれた子たちの６～７割は，心臓に穴が開いている心疾患や，指が多い多指症，難聴，白内障，肛門が形成されていなかったりと，様々な合併症が伴います。小さいうちから，大きな手術に臨む子がたくさんいます。我が家の次男はそんな合併症も全くない本当に奇跡の確率で産まれてきてくれていました。

こんなこと，この子を産むまで全く知らなかったし，自分に関係のないことだと決めつけていました。街で障害のある人やその家族を見かけると,「大変そうだな～私には無理だな～すごいな」っと，本当に他人事のように思っていました。これぞ本当に偏見だったな……と反省しています。

今，同じ立場になって思うことは，最初から「障害があっても大丈夫！」なんて思っている親はいない，全く別世界に放り込まれて，どうしていいかわからず，たくさんの涙を流して，悩みながら目の前の我が子と向き合い，しっかりしなきゃと何度も気持ちを立て直そうと踏ん張り，周りの助けを借りながら強くなっていくんだなってことです。

街で見かけていた障害者の家族は，「特別強い人」だったわけじゃなくて，きっとたくさんの涙や葛藤があって，笑えるようになった人たちだったんだなっと気づかされました。

最近ではダウン症の子を持つママさんたちとも交流させてもらうようになり，みなさん本当に楽しそうに愛情深く楽しく子育てされていて，みんなこんな笑顔で育てられているんだから私も大丈夫かもっと思えたりするようになりました。

報告した友人からもたくさんの温かい言葉をもらい，こんなにも優しい人たちに囲まれているんだと，うれし涙もたくさん流しました。新しい出会いがたくさんあるのも，周りの温かさを改めて感じさせてくれるのも，全部息子のおかげです。

この子にも未来の可能性がたくさんあり，この子がいるからこそ新しく開ける私や家族の未来もたくさんあるってことを感じています。

この子は綺麗なものを見て綺麗と感じることができ，美味しいものは美味しいと感じられ，幸せなことも，辛い，悲しいことも当たり前に感じることができる。むしろダウン症の子は幸せを感じる能力は長けていると言われています。

それならば親としてできることは，この子の価値観の中でこの子が幸せ，楽しい，産まれてきてよかったと思えるようないろんな出逢いや経験をさせてあげること。そして自分で生きていける力へとつなげてあげること。この子の人生が周りから見てどうとかではなく，本人が「幸せ」「毎日が楽しく充実している」と思えていることが一番大切だし，そこを忘れず子育てしたい。

産後は暗いトンネルからなかなか抜け出せず，苦しい想いもたくさんしたけど，人が経験できない子育てを経験できる，それは不安も伴うし，つらいことや傷つくこともあるかもしれないけど，幸せや喜びだってたくさんあり，私たち夫婦，そして長男にとっても，きっと大きな財産となる経験になってくれるはずと今は思えます。

障害がある子を持つ，それは大きな試練かもしれないけど災難ではありません。誰だって初めてで，経験のないことには戸惑います。経験してみなきゃ実際どう思うのかなんて誰もわかりません。「可哀想」「苦労している」「大変」，そう見えるかもしれないけど，そんなの実際経験してない人が勝手に思ってるだけ。長男も次男も私たちの元に来てくれた大切な宝もの。その命に差なんてありません。健常児も障害児も育てられるってなかなかないスペシャルな経験。守るべきものがあるから強くなれる，この子たちのために私は強くなりたいと思いました。ママも思いっきり成長させていただきます！　楽しむも楽しまないも結局私次第！　それなら笑顔で新しい世界を楽しみたいと思います！

2 障害のある子どもを受け入れるとは

少し長い手記でしたが，読んでみて，またみなさんと話し合ってみて，何を感じましたか。一人のお母さんの手記ではあるのですが，当たり前のように，元気な赤ちゃんが生まれるはずだと思っていた自分の子どもが，医師から障害があると知らされると，そのことを受け入れるまでには相当の葛藤があり，また時間も必要としました。

障害のある子どもの保護者であれば，誰もがこの母親と同じような経験をしています。子どもが生まれる前には，誰もが元気で健康的な子どもが生まれ育っていくと信じています。もちろん，手記にもあるように，生まれることもできず亡くなってしまう子も多くいます。子どもが無事に生まれてくること自体，奇跡的なできごとなのですが，生まれてきた子どもが，もしくは生まれる直前に，障害があることがわかった時点で，誰であっても親としてそのことをどう受け入れていいか，戸惑うしかないのです。

ただ，自分の子どもに障害があることがわかると，そこに葛藤や戸惑いはありながらも，時間はかかるかもしれませんが，徐々にそのことを受け入れていきます。いろいろな不安を感じながらも，その子の可能性を信じようとするのだと思います。

このような保護者の気持ちの変化を知った上で，保育者として障害のある子どもとかかわろうとすると，園で障害のある子どもを受け入れることは，その子を一人の人間として尊重することであり，その成長を支えることはとても大切な営みだと感じるのではないでしょうか？

ところが，一般的な傾向として，園への受け入れに際して，障害のある子どもは，日常生活でみんなと一緒の行動ができず，配慮しなければならないことが多いという理由もあって，入園を断る園もまだ多くあります。障害のある子どもと共に生活することは，それほど一般的にはなっていないのです。保育者になるみなさんも，自分のクラスに障害のある子どもが入園してくると言われたことを想定してみてください。その子がどんな子かということを知る前に，障害があるというだけで，保育が大変になるのではと不安に感じてしまうことは，保育者であれば自然な感情ともいえます。紹介したダウン症のお母さんの手記からもわかるように，不安や大変だという気持ちが強くなればなるほど，障害のある子どもを受け入れたくないと思ってしまうのは，親であっても，保育者であっても，同じなのかもしれません。

その時に，障害がある，障害がないにかかわらず，どの子も一生懸命生きていることを改めて考えてもらえたらと思います。むしろ，障害のある子どものほうが，障害がありながら，そのことに向き合って必死に生きているといっていい場合も多々あります。そのような成長しようとする子どもを，子ども集団の中で支えようとする役割が，保育者には求められているのです。

3　障害のある者とない者が共に学ぶ（インクルージョン）意味とは

障害児保育というと，前述した事例ではダウン症という病名があったように，何らかの障害名がついている子どもを保育することになります。一般的には，自閉的な傾向のある子どもが増えていて，みなさんが保育者になると，どこかで自閉的な子どもと出会うことがあると思います。

ただ，障害児というと，その範囲はとても広く，自閉症児のように，情緒面で障害のある子どももいれば，肢体不自由児や，医療的ケア児のように内臓の疾患などを生まれつきもっている子どももいます。

様々な障害については，他の章で詳しく触れているので参考にしてください。ここでは，障害のある子どもが，園で他の子どもたちと一緒に生活するとはどのようなことなのか，またどんな意味があるのかについて考えたいと思います。具体的な実践例から考えてみましょう。

ある園の運動会でのできごとです。運動会の年長クラス対抗リレーの時に，Ｒという自閉症の子が，バトンを放り投げてしまい，リレーの順位が最下位になってしまったことに対して，観客席で孫を応援するおばあちゃんから大きな声で，「なんであの子を走らせたの？」と，非難の声があがったそうです。もちろん年長の最後の運動会ですから，リレーで勝ちたいという思いを子どもたちももっていたでしょうし，担任としても勝たせてあげたいという思いはあったでしょう。しかし，運動会当日のリレーの結果よりも，Ｒくんという障害のある子どもがいるクラスでは，もっと大事な経験や学びを，子どもたちがしていたことを担任はわかっていました。そのことをわかってもらうために，運動会前後の子どもの気持ちや行動記録を，園だよりとして全園児に配布しました。この反響は大きく，クラスの保護者はもちろんのこと，学年が違う保護者からも，「子どもたちの気持ちに涙が出た」というようなお手紙をもらいました。

この事例[＊2]の詳細については，紙幅の都合もあり全てを紹介できないので，ここでは保護者に配布した手紙の一部（リレーに関する部分）を紹介します。

エピソード２　障害のある子がいることで育つことがある

運動会を振り返って

運動会が終わった。ひとつだけいえることは，みんなそれぞれに一生懸命だったこと。Ｒくんの姿をみていて感じたことは，楽しんだかな？　ということ。

(…中略…)

リレー[＊3]では，知らないうちに誰１人走ることを嫌がらなくなった。Ｒくんの力ってすごい！　ＡちゃんやＢちゃん，Ｃちゃんのお母さんに，「あの子が走ることに一生懸命になるなんて！」と当日言われた。その子たちだけではなく，運動会の話をして，練習が始まり，当日を迎える日までの子どもたちの一生懸命さに頭の下がる思いだった。

うちのクラスは全体練習が始まるまで，私が朝のちょっとした時間，Ｒくんに付き合ったりしていることもあって，なかなか外に出られない。そのこともあって，リレーの練習はあまりしていなかった。このことに何だかうしろめたい思いが自分にはあった。でも，初めて全体練習をした日を境に，「お弁当終わってからリレーしよう」「自分たちでやってくるよ」という姿がみられるようになり，徐々に，朝から「リレーやろう」「どうや

＊２　野本茂夫（監修）『障害児保育入門――どの子にもうれしい保育をめざして』ミネルヴァ書房，2005年，pp. 170-184（事例11「Ｒとクラスの仲間たち」）。

＊３　男女別リレーで，まず女の子のリレーを行い，次に男の子のリレーを行う。

ったら速くなるの？」などの声がでてくるようになっていった。

（…中略…）

練習後の子どもたちにも救われていた。頑張って疲れているＲくんを，暖かく迎えて，その頑張りを自分のことのように，自分のこと以上に感じている姿だった。お弁当を運んだり，一緒にただ座っていたり……。本当にたくさんの暖かい光景が目に焼き付いている。「Ｒくんが遅くなっても大丈夫だよ，みんなが頑張るからね」「Ｒくん，竹の踊り今日はよかったよ」「Ｒくん，もう少し練習して速くなるからね」「Ｒくんも頑張っているもんね」「Ｒくん，先生とご飯食べたいの？　Ｒくんのお弁当，先生の隣に置いとくからね」

こんな光景も見られた。「Ｔくん（足が速い），どうしたら足が速くなるの？」「教えてあげるから外へ行こう」「先生，私，走るの速くなったよ。頑張って練習すれば，足，速くなるんだね」「せんせーい，今日も２コース（帰りのバスコース）の時，みんなで走ろう！　だって毎日走っていると，本当に速くなってくるんだもん」「頑張るのって気持ちいいね」。みんなの気持ちがひとつになっていくのを感じた。

運動会前々日

運動会前最後のリレー練習でうちのクラスが１位になった。Ｒくんも，みんなも真剣な表情で走っていた。

「やったー！　やった！　やったあー！　本当に１位になったぁ～」「ねぇ，Ｒくん，Ｒくんも１位だよ」「何だか運動会楽しみ，ドキドキするね。運動会って楽しいんだね」「先生が，速いよ，速くなったよ，っていってたから，おうちで，お父さんお母さんに教えてたんだぁ。もし，男の子が負けちゃっても，女の子が頑張るからね」

びっくりした。本当に１位になった。それまで子どもたちはやれるだけのことを精一杯やっていた。その成果を，みんなで感じることができて，嬉しくって感激して子どもたちは飛び跳ねていた。

運動会当日

あんなに行事が苦手だった女の子が「私ね，このクラスで最後の運動会ができて本当によかった。なんかね楽しい」と晴れやかな表情でいってくれた。

男の子の中にはぽろりと本音をもらす子もいる。「今日だけリレー，Rくんにみててもらおうか」どこか遠慮がちにはにかんで……。Rと仲がいい子が黙って聞いていた。それに気づいていないRくの隣に黙って座って「頑張る」と自分にいい聞かせる。

そして本番

いよいよRくんの番がやってきた。バトンを受け取るとRくんはバトンをすぐに投げた。私がバトンを拾い，Rくんと手をつないで走ったが，途中でRくんはころんでしまった。Rくんも他の子どもたちも頑張ったが，リレーは残念ながら最下位の４位に終わった。リレー終了後，悔し泣きする子どもを見た。女の子も頑張っていた。男の子の様子をちゃんと見ていた。結果が自分の耳で聞けず，泣いている子もいた。「くやしいよ～」と握りこぶしで泣く子。黙って地面をたたく子。目が合ったとたんポロっと大粒の涙をこぼして泣き出す子，上を向いて目をそらして涙をこらえ，口をつむんで顔を真っ赤にしている子，みんなの姿がそこにあった。

「あんなに頑張っていたのに」悔しそうに小声で言う。悔しさをバネにと言うけれど，この悔しさをどうしてあげたらいいものか，戸惑う私がいた。

(…中略…)

閉会式，私のひざが真っ白に汚れていた。Rくんがずっと，その汚れをはたいてくれていた。「もういいよ，ありがとう」と言っても，はたいてくれた。言葉にならなかった。

運動会の練習等で，フリーのＳ先生，Ｔ先生にとても助けられた自分がいた。運動会で感じたことは，一生懸命にやっている人はかっこいい！キラキラしている。あきらめなければ最後までわからない，ということ。そのことを子どもたちと一緒に感じることができたことが幸せだった。

子どもたちの言葉が今も心に残っている。「ころんだ人がいたら，その子の分までみんなで頑張れば勝つかもしれないんだよね。最後まであきらめない！」「リレーだけじゃなくて，いろいろなことがそうなんだよなぁ。忘れないぞ」Rくんの影響ってすごい。みんながどんどん暖かくなってくる。言葉じゃなくても，はっきりとした行動じゃなくても，ふとしたところで，みんなのおかげで，Ｒくんの「やってみよう」が増えてきた。

事例には，運動会当日，リレーで負けて４位になると，悔しくて泣く子もいたり，黙って地面をたたく子や，上を向いて目をそらして涙をこらえる子などがいたことも書かれています。それでもそのことをＲくんのせいにはしないクラスとしての絆がありました。

障害のある子どもがいるとすぐにみんな一緒にできないから大変だ，障害のある子どもがクラスにいると保育者がその子に手がかかって自分の子を見てもらえないなど，保育者だけでなく，保護者からも批判的な声を聞くことがあります。ただ，この事例からもわかるように，障害のある子どもがクラスにいたからこそ得られた育ちもあるのです。

障害のある子どもを受け入れ，保育する中で，そのような醍醐味をぜひ味わってもらえたらと思います。

まとめ

障害のある子どもを受け入れて保育することについては，「幼稚園教育要領」では，「特別な配慮を必要とする幼児への指導」という節を第１章「総則」の中に設け，「集団の中で生活することを通して全体的な発達を促していく」ことを明記しています。個々の子どもの気持ちを丁寧に理解するという意味では，特に配慮すべきことはあるのですが，障害のある子どもを特別扱いしすぎて，子どもなら当然経験するような集団な中での生活ができないようにすることは避けなければなりません。

このことを理解してもらうには，まず保育者になるみなさんが，自分の問題として真剣に考えてもらうことだと感じています。障害児保育を行うには，周囲の保護者，保育者，そして園の理解など，様々な難しさを伴います。それでも子どものために，その子を受け入れようとする保育者の存在が，とても大事なのです。

さらに学びたい人のために

○野本茂夫（監修）『障害児保育入門——どの子にもうれしい保育をめざして』ミネルヴァ書房，2005年。

横浜市幼稚園協会の研究会で取り上げた様々な障害のある子どもを，園でどのように受け入れていったかが書かれています。本章でも紹介した「Ｒとクラスの仲間たち」もこの本に掲載されています。

○トマス・Ｇ・ウェスト，久志本克己（訳）『天才たちは学校がきらいだった』講談社，1994年。

歴史に残るような人たちが，成功したり，偉大になれたのは，「障害があったにもかかわらず」，ではなく，「その障害ゆえだったかもしれない」ことを示した本です。通常とは異なる思考様式は，障害とはいえない時代になってきているかもしれないことを学べます。

第2章

保育を通して見えてくる子どもの理解

● ● ● 学びのポイント ● ● ●

- 障害名を知ることと保育することの関係を学ぶ。
- 障害のある子どもを含めた子どもたちをどう保育するか，その基本的な考え方を学ぶ。
- 障害名を知り，その治療法や対処法を知ることと，一人一人の障害のある子どもを理解してそのかかわり方を探っていくことの違いを考える。

WORK　障害名が子どもの見方を左右する

1．自閉症の子どもってどんな子なのだろうか？

自閉的な傾向がある子ども（自閉症スペクトラム障害というような診断名が出ていなくてもいいです）は，どのような特徴があるでしょうか。自分が出会ってきた，またはイメージしている特徴を出し合って，みんなで話し合ってみましょう。

※可能であれば，いくつかの園や施設に行って，実際に出会ってみてから話し合うと，もっと深い話し合いになると思います。

① みんなから出た自閉的な傾向がある子どもの特徴を整理してみましょう。いろいろなタイプの子どもがいることが見えてきましたか。
② いろいろなタイプの子どもがいることがわかったならば，自閉的な傾向のある子ども（「障害」）の共通点だけでなく，子どもによる違い（「個性」）についても整理してみましょう。
③ 子どもの「個性」と「障害」について，どう整理すればいいかを考えてみましょう。

2．障害のある子どもとどうかかわるか？

あなたが保育者になった時に，自閉的な傾向がある子どもを保育することになったとします。あなたはその子にどのようにかかわりますか。みんなで話し合ってみましょう。

① 本やインターネット等で，自閉症スペクトラム障害などについて調べて，どうかかわればいいかを考えてみましょう。
② 障害があるのであれば，専門家に任せて，きちんと治療したほうがいいという意見があります。では，保育者としてのあなたは，その子にどのようにかかわればいいと思いますか。やはり治療的にかかわろうとしますか。それとも違う意見がありますか。

導　入

本章では，保育の中で，障害のある子どもとかかわるとはどういうことかについて学びます。子どもに障害があることがわかると，保育者であれば，まずはその障害について学ばなければと思う気持ちは自然だと思います。

ただ，情報として，障害のことやどんな配慮が必要かなどを知れば知るほどその子のことをより深く知ってかかわろうとするよりも，障害の部分ばかりが気になり，大変だと思う行為などがなくなるにはどうしたらよいかばかりに注意が向いてしまうことが往々にして起こります。障害のことは専門家のほうがよくわかっているので，その指導を園でも同じようにしていればいいのではと思いがちなのです。

ところが，そこで大事にしてほしいのは，保育者としての専門性です。みなさんが保育者として，障害のある子どもを受け入れるのです。保育者の視点から，障害のある子どもを受け入れ，かかわっていく必要があります。それは一体どんなことなのかを，本章では考えてみたいと思います。

1　障害児を受け入れて，保育を行うということ

1　障害児との出会いと園の受け入れ体制

最近は特に，保育の場面で，自閉的な傾向のある子どもと出会うことが増えてきました。入園前から保護者から相談を受ける場合もあれば，入園してからの行動等で，保育者や保護者が何かおかしいと感じて，療育センター等に相談してわかる場合もあります。

園として受け入れる場合も，その判断は難しくなってきています。「言葉が遅い」とか「他の子と遊んだことがない」などといった相談はあっても，その子に障害があるかどうかは保護者でもわからないままに受け入れる場合もあれば，事前に子どもに障害があるとわかっている場合には，保護者から，自分の子どもも何とかごく普通の子どもたちと一緒の生活をさせたいので入園したいと，泣いて訴えられることもあります。

障害のある子どもとのかかわりを大事にする人であれば，入園を求められれ

ば何人でも受け入れればいいと思われる方もいるかもしれません。ところが，障害児も受け入れて保育を丁寧にしようとすれば，園の受け入れ体制はとても重要になってきます。担任の保育者が１人しかいないところで，みんなに話をしている時に，ふらふらっと保育室から出て行ってしまったり，突然大声をあげて走り回ったりしてしまうような障害のある子どもがクラスにいれば，どうしても障害のある子どもの大変な部分しか見えなくなってしまいます。

保育者１人で，このような「大変さ」を解決するために，何とかこの子どもの行動をやめさせようとして，「訓練的に座っている」ことや，「大人の指示に従う」ことをついつい求めてしまいます。ただ，障害のある子どもの保育が「大変」になってしまうのは，「障害児がクラスにいるから」ということだけにあるのではなく，園が障害児の存在をどのように見ていて，きちんと受け入れようとしているのかという，園全体の障害児への理解や体制がきちんとしているかどうかということと無関係ではありません。

第１章でも触れたように，園として，障害児がいることで，周囲の子どもたちがお互いに育ち合うことを理解していたり，また多くの保護者も障害児がクラスにいることを自然だと考えてくれるような園全体の障害児への理解や温かい雰囲気がとても重要です。また，障害児が上記のようないろいろなできごとを起こしても，そのことにかかわる担任以外のフリーの保育者等がいるかどうかも，担任が障害児をかけがえのないクラスの一人として見られるかどうかを大きく左右します。障害児が自分の居場所をみつけ，クラスに打ち解けていくためには，どうしても時間がかかるからです。

その意味では，障害児がクラスにいるからといって，フリーの保育者がその子につけばいいということでもありません。障害のある子どもとフリーの保育者が，いつも二人だけでいるばかりの生活では，子どもたちも保育者も二人に無関心になり，障害児が園にいることの意味が見えてこないことが起こることもあるからです。

2　障害名でわかること，障害名で見えなくなること

園全体で障害児を受け入れる体制があるかどうかは，障害児を保育する上で，とても重要な要因ではあるのですが，保育者としてのあなたが，障害児のことをどう理解しようとするかどうかも，保育を大きく左右します。

冒頭のWORKでも話し合ってもらいましたが，知識として，障害のことを詳しく知れば知るほど，保育者は，障害部分に注意が向き，その障害部分にどうかかわるかに関心が向きます。「おむつでしかおしっこをしない」という子どもがいれば，「どうやってトイレでおしっこをさせるか」ということが，保護者や保育者の最大の関心事になるのは，無理もないことです。

ただ，子ども側からすれば，「おしっこをおむつにする」と，「なぜトイレでしないの」と毎日のように言われてしまうと，生活全体が委縮してしまうのも無理はありません。

さらに問題なのは，保育者も保護者も，「この子はみんなのようにできない」と，子どもを否定的に見てしまうことです。障害児保育で特に重要なのは，子どもの成長過程として，少し待てばすぐにできてしまうようなことでも，障害のある子どもが，そのことをできるようになるためには，相当な努力や頑張りがあることを認めてあげることです。「できない」ことを叱るよりも，たとえ10回の中で１回でも成功したこととして，きちんと認めてあげるようなかかわりが求められるのです。

このようなことを突き詰めて考えていくと，障害名にあまりとらわれすぎると，保育の基本である，その子自身を理解することが難しくなることも起こってきます。自閉症という診断名がついていても，個々の子どもに丁寧にかかわってみると，一人一人性格も違えば，好きな遊びも違います。筆者の園では，一卵性双生児で二人とも自閉症であった園児がいましたが，二人は性格も違えば，生活の仕方も大きく異なっていました。

一人一人の子どもを理解するという保育の基本は，障害児の保育であっても，否，障害児であるかどうかに関係なく，共に生活し保育を行うからこそ，さらに丁寧さが求められるのです。次に，そのことを事例から考えてみたいと思い

ます。

2 障害のある子ども（かかわりの難しい子どもも含めて）とかかわるとは

ここでは具体的なＡくんを取り上げ，みなさんが障害のある子どもとかかわる時に，どのように考えればいいのか，その基本的な考え方を示したいと思います。

1 Ａくんとの出会い

幼稚園年少児。入園後秋ごろ，自閉症スペクトラム障害（アスペルガー）と診断される。
入園当初は新しい環境になかなか慣れず，泣いたり，担任のそばにいることが多かった。自分の思いを言葉にするのが苦手で，言葉数も少なかった。次第に担任を叩いたり，つねったり，噛む，髪を引っ張る，奇声をあげる，などの行為が増えていった。
保育者が，その行為を止めても，また声を掛けても，やめることができず，徐々にその行為はクラスの友達へと広がっていき，クラスの子を泣かせてしまい，クラスの子に怖がられてしまうことになった。

【問い】
Ａくんが入園してきて，保育者はどう受け入れていいかわからない時期がありました。みなさんなら，どのようにこのＡくんとかかわりますか。少し話し合ってみましょう。

このように手がかかるＡくんのような子が入園してくると，園としても困ってしまい，保護者にも一緒にいてもらったり，フリーの保育者が，他の子に危害を加えないように見守っていることが一般的だと思います。Ａくんは，大人から見ると，困る行動ばかりをして，保育者だけでなく，クラスの子どもたちにも暴力的な行為をしてしまいます。このようなＡくんの姿を見ると，何とか人に危害をくわえないようにしたいと思うのは当然です。そこで無用な刺激を避ける，絵カードなどを見せる等々の療育的なかかわりをして，Ａくんが落ち着くなら，それも大事なことかもしれません。

ただ，保育者であるみなさんに考えてほしいのは，Ａくんもクラスの一員であり，一人の人間であるという当たり前といえば当たり前のことです。そのことをきちんと踏まえた上で，改めてＡくんとどうかかわるかを考えてほしいのです。

2　幼保連携型認定こども園教育・保育要領では

「幼保連携型認定こども園教育・保育要領」では，教育及び保育の基本を，次のように示しています。

「環境を通して行う[＊1]」ことを基本とする
○　安心感と信頼感をもっていろいろな活動に取り組む体験を十分に積み重ねられるようにすること
○　園児の主体的な活動を促し，乳幼児期にふさわしい生活が展開されるようにすること
○　遊びを通しての指導を中心として第２章に示すねらいが総合的に達成されるようにすること
○　園児一人一人の特性や発達の過程に応じ，発達の課題に即した指導を行うようにすること

ここで突然，「幼保連携型認定こども園教育・保育要領」を持ち出したのは，この要領には，「幼稚園教育要領」や「保育所保育指針」の考え方が，きちんと統合されているからです。この基本は，認定こども園だけでなく，幼稚園，保育所でも変わりません。

ここに示されたことが，幼児期の教育・保育の基本であるならば，Ａくんの

＊１　ここでいう「環境」とは，物的な環境だけでなく，保育教諭等や他の園児も含めた園児の周りの環境全てのことを指す。

ように，一見，大人から見たら困った子であっても，この基本からはずれた保育を行うべきではありません。この基本の一つ一つに当てはめて，Ａくんへのかかわり方を考えてみましょう。

説明のしやすさから最初に取り上げるのは，４番目の○印にある「園児一人一人の特性や発達の過程に応じ」ることです。まず，園の生活は，Ａくんの特性や発達の過程にあっているのかどうかを確かめる必要があります。その上で，最初の○印「安心感と信頼感をもっていろいろな活動に取り組む体験」が，保障されているかどうかが問われているのです。「安心感と信頼感をもって」という言葉は，保育所保育指針でいう「養護」のことです。Ａくんにとって，園は安心できる場所であったのか，信頼できる人がいる場所であったのかが問われなければなりません。

Ａくんを「困った子」と見ている保育者ばかりであれば，Ａくんから見える園は，「安心や信頼ができなくて困っている場所」なのかもしれません。Ａくんにとって安心できる居場所があったり，信頼できる保育者がいるかどうかで，Ａくんの表現方法が変わってくる可能性はすごく大きいのです。そう考えると，残された○印の基本で示されているように，Ａくんにとってふさわしい生活とは何かを探ることや，安心して取り組める遊びがあるなど，障害児と診断を受けたＡくんではあっても，幼稚園教育要領等で示されている幼児教育や保育の基本は，きちんと守られる必要があるのです。

3　Ａくんとかかわってみて見えてきたこと

保育者はなぜＡくんがそのような他害行為をしてしまうのか考え，言葉で上手く気持ちを表現できない分，Ａくんが困っているのではないかと思い，どんな時に他害行為が出てしまうのかを観察しました。

その結果，保育室にいてうるさく感じる時や，遊ぶことがなくてつまらなく感じる時，何をしていいのかわからない時などに手を出してしまうことがわかってきたのです。Ａくんが手を出してしまうことはまだ続いていたので，保育者はその行為はしてはいけないことを伝えなければならなかったのですが，それだけでなく，Ａくんに対して，信頼関係を築けるように，「どうして手を出してしまったか」「何か困っていることがあるか」など，その都度ゆっくり話を聞いたり，質問してみることを心がけました。

すると，Ａくんからも，「つまらなかった」「うるさかった」「なんか嫌な気持ちになっちゃった」と少しずつ自分の思いを短い言葉で教えてくれるようになっていったのです。

3　Ａくんの成長を支える中で

1　遊びや友達関係の変化

保育者はＡくんがどんなものが好きかを知ることを心がけていきました。まずＡくんが興味をもっていたのは数字で，カレンダーをよく見ていました。自閉的な傾向がある子どもが好きなことではあるのですが，その好きなことを活かして，カレンダーづくりをしてみたのです。すると，Ａくんは安定して園生活に入っていくようになりました。また標識や道路づくり，ひらがなを書いてお店屋さんごっこも楽しむようになったり，色の変化などを楽しむ姿があったので，色水遊びをしたりして，遊びの幅を広げていきました。

次第に周りの子どもたちも，Ａくんがつくったものや遊びに関心をもって，「一緒にやろう」と声を掛けることが多くなっていきました。しかし一度にたくさんの子に話しかけられると，Ａくんはどうしていいかわからず黙っていたり，「いや」と言ったりする姿もありました。Ａくんの表情などから，困惑していることがわかったので，保育者はＡくんにみんなの気持ちを伝えたり，Ａくんの気持ちを知ってもらうために，Ａくんが答えやすいように，「このお店で一緒に遊びたいんだって」など，クラスの子どもたちとコミュニケーションを取れるようにかかわりました。

徐々にクラスの友達と遊びを通してかかわることができるようになると，Ａくんも，友達が関心を示してくれることがうれしくなり「やり方僕が教えてあげるよ」と遊びをリードする場面も出てきました。

7月になると，保育者との関係も落ち着き始め，友達に関心が向きクラスの集まりで決まって隣に座る仲の良い女の子もできました。

その一方で，特定の子に対して叩いてしまうことはまだあり，自分では抑えられないため保育者が近くにいないといけない状況が続いていました。しかし，Ａくんに話を聞いてみると「ちょっと気になるの」と言い，不快な気持ちではなく，その子が気になる様子でした。やってはいけない行為であることはその都度伝えていきながら，クラスの子への関心が高まっているという良い側面も忘れずに様子を見ていくことにしました。

9月に入ると，イメージごっこ（動物探しなど）をする周りの子の様子を見て「僕もやりたい」と言い，クラスの子がその際持っていたトイレットペーパーの芯でつくった双眼鏡を見様見真似でつくり，一緒に遊ぶなど，イメージを膨らませ楽しむ姿がありました。

2学期後半～3学期になると，「○○くんと同じものつくる」と言って真似して製作し，遊びについていこうとする場面が多くなり，クラスの活発で元気な男の子に憧れの気持ちがでてきて，「○○くんみたいになりたい」と口にする姿も現れてきました。また，一学期に危害を加えてしまっていた子とも一緒に遊んだり，ダンスを楽しむように変化していきました。

2　偏　食

Ａくんは，食べ物の好みにブームがあり，一つの物を飽きるまで食べる傾向がありました。お弁当でも好きなもの以外残して帰ることに母親は悩んでいたのですが，母親のいない園生活で嫌いなものを食べることを努力するよりも，お弁当が食べられるうれしさや食べ切れる達成感を大切にするため，好きなものを少量入れてきてもらうようにしました。そのようにすると，以前は食べられなくて食事の時間は泣いていたのですが，次第にＡくん自身が食べられたことをうれしく感じ，空になった弁当箱を保育者に見せたりするようになりました。

また友達から「全部食べられたのすごいね」と言われると，顔を赤くして喜び，そのような小さな日々の経験が次第にＡくんの自信につながっていきました。

秋のある日，子どもたちが柿の実を収穫して食べている様子を見て関心をもち，今まで一度も食べたことのなかった柿を初めて自分から口にし，「甘くて美味しくて好きになった」と言って，これまで自分の気に入ったものしか食べようとしなかった姿から，自分が食べたことがないものでも口に入れてみようとする場面があり，その後自分から柿をとりに行くことまでするようになりました。遊びの中での柿の実の収穫や友達が美味しそうに食べている姿が，Ａくんにとって楽しく興味深く，その好奇心や周りの子どもたちからも影響を受け，一口食べてみようとする気持ちの変化につながったのでした。

3　保護者の変化

入園当初から，Ａくんがクラスの友達や園生活に馴染めないことを両親ともに悩んでいました。ただ，家ではＡくんがたくさん話をするとのことだったので，保育者は家でのＡくんの姿を知るためにも，保護者の話を丁寧に聞くようにしました。

また，園での様子を伝える時には，Ａくん自身が頑張っていることや，楽しんでいることだけでなく，具体的にどんな場面で困ったり，問題が起きたりするかを丁寧に伝え，時には保護者にも保育に入ってもらったり，保育をこっそり見てもらうこともありました。

また，つどいの会（障害のある子どもをもつ保護者が集まるサークル活動）に参加してもらい，母親の不安や心配を，園の職員や保護者，専門家に話を聞いてもらい，日々の子育ての苦労や悩みを相談しやすい環境を整えるようにしました。

4　Ａくんの事例から見えてきたこと

Ａくんの一連の事例を読んで，どのように感じましたか。一見マイナスに見えていたＡくんの一学期の行動ですが，実は他の子どもへの関心があることのサインでもあったのです。そのことに保育者が気づくことに時間がかかりました。

子どもが友達に出会う時，子どもたちは，今まで過ごしてきた中で，どれだけ子どもとかかわってきたかなどといった経験や，子どもの個性もあって，様々な気持ちの表現の仕方をします。まして，人間関係が苦手であるという障害を抱えている子であれば，自分をどう表現していいかわかりません。その時に，自分のことをわかろうとしてくれる保育者がそばにいたり，安心して自分が出せる居場所があることは，Ａくんの成長に大きな影響を及ぼしたのです。

このようなＡくんへのかかわり方は，本来は，Ａくんに障害があったから，保育者が特別に行ったということではないのです。保育者は，目の前の子どもを知ろうと努める保育の基本がいかに大切であるかを，障害のあるＡくんとのかかわりを通して，改めて学ぶことができたといっていいでしょう。

また，Ａくんへの丁寧なかかわりを可能にした背景には，周りの保育者同士が連携し，日々Ａくんのことを相談したり，報告するなど，どうかかわっていくかを，多角的に検討する機会がありました。Ａくんに各保育者が個人的にかかわるというより，園として，どの保育者がかかわるにしても，Ａくんにとってどんな意味があるかという保育の方向性を定めて，お互いに理解し合えたことが，Ａくんの成長につながったと感じています。

そう考えると，保育者一人一人の障害児への理解はとても重要ですが，それだけでなく，園として，障害のある子どもをどのように受け入れ保育するか，そしてそのことが障害児保育をよりよいものにするかどうかも，障害児保育を可能にするかどうかの大きな鍵となることも見えてきます。

まとめ

障害児を多く受け入れていると，年間を通して，療育センター等の障害児が通う施設の職員との交流があります。そこで話題になるのは，もちろん障害のある子どものことです。ただ，療育センターの先生方は，療育を行う立場から，子どもを語りますし，園の保育者は，クラスの一員としての障害児，子どもたちの中で過ごす障害児の姿について語ります。

お互いに様々な見方があり，そのことを話し合い，どんな援助がいいのかを語り合う中で，その子がよりよく成長する姿を見つけていけることが，これからの障害児保育には特に求められていると感じています。

このように，障害児保育を実現させていくためには，保育者になるみなさんが，保育の基本を踏まえた上で，子どもを理解してかかわることを学び，さらに障害児を通して，そのことをより深く学んでいくような経験をしていくことがとても大事なことなのです。

さらに学びたい人のために

○渡部信一『鉄腕アトムと晋平君――ロボット研究の進化と自閉症児の発達』ミネルヴァ書房，1998年。

この本の帯には，「自閉症児に訓練は必要ですか？」という一文が書かれています。自閉症児が人間らしく育つとはどういうことかを，ロボット研究との対比の中で明らかにしています。

○明石洋子『ありのままの子育て――自閉症の息子と共に』ぶどう社，2002年。

重い自閉症児である明石徹之くんをどう育てていったかを，赤裸々に，そして本人も参加して作られた本です。特に，療育的な施設に通わせるというよりも，普通級にこだわって徹之くんを育てていったお母さんの英断には頭が下がります。自閉症児への見方が変わるかもしれない本です。

第3章
障害児保育の歴史

●●● 学びのポイント ●●●

- 戦後日本における障害児保育の実践と制度の成り立ちを理解し，障害のある子どもの保育が求められてきた歴史的な背景を知る。
- 子どもの権利条約と障害者権利条約の視点から，障害のある子どもの権利保障について理解を深める。
- 統合保育とインクルージョンという視点から，障害児保育の実践課題について考える。

WORK　障害のある子どもの幸せはだれが決めるのか？

ともちゃんは，生後6か月目の病気により重い知的障害と運動障害が残って寝たままの状態となり，人工呼吸器が必要になりました。4年間の入院生活を経て在宅生活へと移行し，「やまびこ教室」（滋賀県大津市）の訪問療育が始まります。

ともちゃんには2人のお姉さんとお兄さんがいました。13歳のお姉さんはともちゃんが「やまびこ教室」を卒園する時，「ともちゃんが幸せだったら」という作文を書きます。この作文を読んだあなたは，ともちゃんのお姉さんにどのような返事を書きますか。

「ともちゃんが幸せだったら」

ともちゃんは，幸せ？

お姉ちゃんは，ともちゃんが幸せだったら，幸せです。

ともちゃんが病気になってしまったときは，まだ小さくてぜんぜんわからなかったけど，今になって少しずつなんかわかってきて，少しつらくなったけれども，ともちゃんがこの生活で幸せなのなら，私も，少し安心がもてる気がします。

これからも，人生長いから，いっしょにがんばろうね。みんなで，大きなおうえんをしているよ。だから，私たちのためにも，自分のためにも，がんばろうね。

私は，こういうなのを人に言う，知らせるっていうのなんか，いやだったけれど，ともちゃんが人に知ってもらいたいと思っているのなら，私も，みんながんばっているということを，いろんな人に知ってもらっていいような気がするよ。

これからもよろしくね。

出所：大田真司・大田巳紗子「ともちゃん，がんばろうね――お兄ちゃん，お姉ちゃんからのメッセージ」『みんなのねがい』第363号，1998年，p. 16。

導　入

今日，保育所や幼稚園に障害のある子どもたちがいるのは，ごく当たり前の光景ですが，日本における障害児保育の歴史は約半世紀にすぎません。本章では，保育所・幼稚園における障害児保育にとどまらず，障害乳幼児の権利保障と発達保障を実質化する要として「保育」が求められてきた歴史を振り返りながら，障害児保育の基本的な理念を学びます。ここでは，障害のある子どもたちの抱える制約や困難は，その多くが社会制度や環境整備の不十分さによってもたらされていること，障害のある子どもたちが，障害を理由に様々な差別・排除を受けてきた歴史があり，そうした現実が今もあることから目をそらさないために「障害」という表記を用います。

1　障害児保育の歴史に刻まれたねがいに学ぶ

障害児保育が我が国の保育制度として本格的に位置づくのは，1970年代前半のことです。当時から保育所や幼稚園における障害児保育は「統合保育」という言葉で表現されてきましたが，今日ではインクルーシブ教育や特別支援教育の流れを受けて「インクルージョン」という言葉も聞かれるようになりました。インクルージョンとは「エクスクルージョン」（排除）の対概念です。もともとはだれもが排除されない社会をめざす政策の概念でしたが，国連の障害者権利条約（2006年）を契機として障害のある人びとの権利保障の基本枠組みとなりました。障害児保育の歴史をみれば，障害のある子どもに必要な保育を保障する努力のうちに，全ての子どもが「排除されない保育」へのねがいが込められていたことを知ることができるでしょう。

障害のある子どもの保育の場は，保育所や幼稚園だけではありません。特別支援学校には幼稚部があります。自治体ごとに制度は異なりますが，児童発達支援事業・センターなどの専門的な療育機関もあります。また，乳幼児期には障害と診断されなくても発達支援が必要な子どもたちもいます。ですから，保育所・幼稚園における障害児保育は，乳幼児健診に始まって子どもが毎日通える場と保護者を支援する仕組みを備えた総合的な障害乳幼児対策の一環として位置づいてきました。

以上のことを念頭において，本章では障害児保育の歴史に学びながら，そこに障害のある子どもの保育へのねがいがどのように刻まれてきたのか，そのねがいをいかに実現しようとしてきたのかを振り返ります。そして最後に「障害児保育とは何か？」という問いに答えてみたいと思います。

2 障害のある子どもの発達保障へのねがい

1　教育と福祉から排除された子どもたち

戦後の新しい日本国憲法のもとで，教育基本法，学校教育法，児童福祉法が制定されます。しかし，これらに定められた教育や福祉の権利は，障害のある子どもたちにはじゅうぶんに保障されませんでした。障害のある子どもたち，とりわけ知的障害のある子どもは発達しないとみなされ，だから教育は必要ないと考えられていたのです。

学校教育法が定めた盲学校と聾学校は1948年度から学年進行により義務教育が実施されました。ところが，養護学校の義務教育が実施されるのは1979年と，通常の学校に比べて32年間も放置されたのです。その間，障害のある子どもの保護者は，わが子に教育を受けさせたいとねがっても，就学義務を猶予・免除する手続きを求められ，教育行政も就学猶予・免除措置を濫用しました。こうして障害のある子どもたちは教育から排除されたのです。一方，児童福祉法が定める障害児施設に入所するにも就学猶予・免除の措置が求められました。今日の児童発達支援センターの前身である通園施設は，当時学校に通えない学齢児の受け皿とされ，乳幼児が通うことはできませんでした。

このように障害のある子どもたちの教育権が奪われ，学校に通えない時代が長く続きました。盲学校と聾学校には幼稚部が設置され，視覚障害や聴覚障害のある乳幼児の早期教育が少しずつ広がりました。しかし知的障害のある子どもについては，事務次官会議決定「精神薄弱児対策基本要綱」(1953年) において就学前教育・保護指導の充実，教育・福祉施設の整備拡充が提起されたものの，公立養護学校整備特別措置法（1956年）では幼稚部設置費の計上は見送られ，幼稚部の設置は進みませんでした。また，一部の病院や大学では「治療保育」や「早期教育」と呼ばれる治療・訓練的な指導が実施されることもありました。しかし，教育と福祉を分断する制度のもとで障害児保育の場は，なきにひとしく，ほとんどの場合在宅生活を余儀なくされたのです。

生まれてから無権利状態のまま放置された子どもたちは，限られた生活環境や人間関係のなかで発達する機会を奪われ，健康や生命がおびやかされることもありました。こうした激しい権利侵害の現実に対して，1960年代後半から各地で教師や保護者たちが障害のある子どもの不就学の実態調査に取り組み，学校教育を求める運動を展開します。この養護学校義務制実施につながる「権利としての障害児教育」の運動を支えたのが，「発達保障」という考え方でした。

2　「発達保障」の考え方――「この子らを世の光に」

発達保障の考え方は，滋賀県大津市で戦後いちはやく戦争孤児と知的障害児をともに受け止めた「近江学園」（1946年開設）の生活教育実践，そこから発展した重症心身障害児施設「びわこ学園」（1963年開設）での障害の重い子どもへの療育実践から生まれました。発達保障は「どんなに障害が重くても発達する」という発達観に支えられています。「障害の有無にかかわらず人間は同じ発達の道すじを歩む」という発達の普遍性・共通性が，「障害の重い子どもにも発達の権利がある」という権利の平等性を基礎づけました。発達を権利論としておさえることで，障害のある子どもの発達の可能性を奪う社会の差別意識や不平等な仕組みを問題としたのです。重い障害のある子どもの発達の可能性を追求することは，一施設の取り組みを超えて，発達を権利として保障する社会への変革を志向することになりました。

発達保障の思想は，近江学園やびわこ学園を開設した糸賀一雄（1914～1968）の「この子らを世の光に」という言葉に集約されます。「『この子らに世の光を』あててやろうというあわれみの政策を求めているのではなく，この子らが自ら輝く素材そのものであるから，いよいよみがきをかけて輝かそうというのである。『この子らを世の光に』である。この子らが，うまれながらにしてもっている人格発達の権利を徹底的に保障せねばならぬということなのである[*1]」。こうして糸賀は「この子らを世の光に」という言葉に託して，障害のある子どもたちを憐みや保護の対象と見るのではなく，人格や権利の主体として尊重し，障害のある子どもの発達保障のために社会が何をなすべきかを問いかけたのです。

びわこ学園では，障害の重い子どもを「寝たきり」と見るのは外側からの一方的な見方であり，子どもからすれば「寝かされきり」ではないか。そうして子どもの側に視線を移動させて，子どもの表現や感情を読みとろうとする努力がなされました。この子は仰向けの姿勢しかとれないのではなく，仰向けの姿勢で働きかけを受け止めることができている。だとすれば，抱っこしたらどんな表情になるだろう。ベッドから畳に移して遊んでみようか。こうして働きかけに変化や工夫を加えることで，子どもたちも少しずつ変化していきました。

その際，できることが増えていく「タテへの発達」に対して，今できていることをじゅうぶんに発揮しながら，現在の生活や人間関係を広げていくような「ヨコへの発達」という発達観によって，重い障害のある子どもの変化を捉え返しました。この「ヨコへの発達」という発達観によって，障害の重い子どもの発達の無限性と教育の可能性が主張されました。すなわち，障害の有無や能力の優劣によって人間を評価したり，人より早く・たくさんできることに価値を置くのではなく，どんなに歩みが遅くてもその子なりの豊かさを実現していくところに発達や教育の価値を見出したのです。こうした発達保障の考え方を基礎として，障害のある子どもたちにも，それぞれの時期にふさわしい発達を保障するために保育や教育を求めていく動きが広がっていったのです。

＊1　糸賀一雄『福祉の思想』日本放送出版協会，1968年，p. 177。

3 障害児保育の制度をつくる

1 「権利としての障害児保育」を求めて

乳幼児期に保育を受けられず在宅生活を強いられた子どもたちは，学齢期には不就学となってしまいます。したがって「権利としての障害児教育」の運動は，「権利としての障害児保育」を求める運動と一体となって，乳幼児期からの系統的な保育・教育の保障を求めました。親の会が中心となって，不就学の子どもや障害乳幼児に集団を保障しようと自主的なグループ保育の取り組みが広がりました。集団保育の場ができることで子どもたちの生活環境や人間関係は大きく広がり，集団での遊びを通して確実に発達していきました。保護者たちもわが子の発達に触れることで集団保育の必要性を確かめ合いながら，障害児保育を求めて声をあげていったのです。

家庭保育の原則を打ち出した中央児童福祉審議会・保育制度特別部会答申「保育問題をこう考える」（1963年）は，「障害児の保育を，家庭のみに要求するのはムリである」として「児童の心身の障害」を「保育に欠ける」条件としたものの，保育所での受け入れには消極的でした。そうした中，「ポストの数ほど保育所を」という同時代の保育運動の中で，「共同保育」や「混合保育」と呼ばれる保育所における障害児保育の実践が試みられていきました。

1974年，滋賀県大津市では，地域の全ての子どもの発達保障を理念にかかげ，乳幼児健診を入り口として子育て支援と障害の早期発見・早期対応の仕組みを総合する「大津方式」を整備します。1973年には「保育元年」を宣言し，全国で初めて公立・民間を問わず，希望する障害乳幼児全員を保育所・幼稚園で受け入れる障害児保育の制度化にふみきりました。母子保健の仕組みと結びついた大津市の障害児保育制度は，自治体の障害乳幼児対策や障害児保育制度のモデルとして注目されました。

中央児童福祉審議会「当面推進すべき児童福祉対策について（中間答申）」（1973年）は「多様化する保育需要」として「心身障害児の保育」を位置づけま

す。これを受けて厚生省は「障害児保育実施要綱」（1974年）を策定し，「保育に欠ける」４歳以上の軽度障害児を対象に保育士加配の補助を行いました。こうして国の障害児保育制度が始まります。1978年には年齢制限を撤廃し，中程度の障害のある特別児童扶養手当支給対象児に対象を緩和します。全園方式か指定園方式か，自治体ごとに制度は異なりましたが，障害児保育を実施する保育所は年々増加し，障害の程度や種別も多様化していきました。また1974年には「私立学校特殊教育補助費」として一定数の障害児を受け入れる私立幼稚園に対する補助も始まり，のちに公立幼稚園にも広げられました。

2　総合的な障害乳幼児対策と多様な保育・療育の場

障害の重い子どもを含めて，全ての障害乳幼児に保育を保障するためには，障害児保育の場を保育所や幼稚園に限定することなく，通園施設を含めて多様な形態を整備する必要がありました。1973年に養護学校義務制実施の予告政令が出され，1974年に通園施設の通所要件（６歳以上，就学猶予・免除措置，中程度の障害）が撤廃されたことで６歳未満の未就学児の受け入れが進み，通園施設は学校の代替施設から早期療育の場へと転換していきました。単独通園が可能となり，保育所や幼稚園と同じく３歳児も通えるようになりました。1972年には児童デイサービス事業，児童発達支援事業の前身である心身障害児通園事業が始まり，親子療育も広がりました。

1977年に「18か月児健診」が制度化され，都市部では保育所での受け入れが進むにつれて，通園施設は３歳未満児の早期療育の場に変化していきます。1980年代には「18か月児健診」後の１・２歳から療育を受け，３歳以降に保育所・幼稚園に移行する仕組みが各地で整備され始めます[＊2]。保護者が就労している場合もあり，保育所では０歳からの障害児保育も進みました。当時から，障害の早期発見・早期対応は，障害のない子どもと選別して切り離す差別的な仕組みであるとの批判もありました。しかし，「障害」を前提としない早期対応

＊2　近藤直子「乳幼児期の発達保障における保育所・幼稚園の役割」『障害者問題研究』**42**(3)，2014年。

の充実を求めながら，保育所・幼稚園に通う障害児の増加につながった地域もありました。

4 障害のある子どもの権利と特別なニーズ

1 障害のある子どもの「特別なケアへの権利」

1980年代に入ると国連の「国際障害者年」（1981年）が「完全参加と平等」を提起し，「ノーマライゼーション」思想の具体化が求められていきます。1989年には国連で子どもの権利条約が採択され，日本は1994年に批准します。子どもの権利条約（児童の権利に関する条約）は，障害のある場合も含めて18歳未満の全ての子どもに，大人と同等の基本的人権に加えて，子どもに固有の権利を認めました。そして国際条約として，はじめて障害を理由とする差別の禁止を明記しました。

障害のある子どもにも「最善の利益」（第３条）や「意見表明権」（第12条）といった子どもに固有かつ普遍的な権利を保障するとしても，それが形式的に同じだというだけでは実質的な平等は実現できません。ですから，子どもの権利条約第23条では，障害のある子どもは障害ゆえに「特別なニーズ」をもち，したがって「特別なケアへの権利」を有することを確認しています。そして，障害のある子どもが「可能なかぎり全面的な社会的統合ならびに文化的および精神的発達を含む個人の発達を達成することに貢献する方法で，教育，訓練，保健サービス，リハビリテーションサービス，雇用準備およびレクリエーションの機会に効果的にアクセスしかつそれらを享受することを確保する」ことを締約国に求めたのです。こうして，障害のある子どもの「子ども」としての一般性・普遍性を確認した上で，障害のない子どもと同等の権利を行使するために，特別なケアを権利として要求する主体であることを承認しました。

子どもに応じて専門機関と連携したり，保育所・幼稚園と通園施設・児童デイサービス事業との併行通園も進められました。保育現場では集団・仲間づくりや小集団保育などを通して，障害のある子どもと障害のない子どもの育ち合いの実践も深められていきました。また，障害の重度化や多様化，低年齢化という新たな課題への対応も求められていきました。

いっぽう，落ち着きがない，キレやすい，からだの動きがぎこちないなど，「障害」はないけれども特別な配慮が必要な「気になる子ども」も目立ちはじめました。[*3] さらに虐待，貧困といった困難な生活環境で育ち「特別なニーズ」のある子どもへの対応も切実な課題でした。このように，1990年代前後から保育現場で顕在化した「気になる子ども」や「特別なニーズをもつ子ども」の問題は，一部の子どもへの個別対応を超えて，従来の子ども理解や保育のあり方そのものの問い直しを迫るものでした。一人一人のねがいや特別なニーズを対立させることなく，共に育ち合う保育を進める上で，クラスの子ども一人一人の声を丁寧に聴きとることがあらためて求められたのです。

子どもの権利条約がいう「意見表明権」とは，どんなに重い障害があっても，いかなる発達段階においても，子どもが様々に表現してくるものが聴きとられ，応答される権利をさします。この場合の「意見」とは英語の view の訳であり，「眺め」や「光景」という意味があります。[*4] したがって，子どもの意見表明権を保障するためには，子どもから見えているものや子どもが感じているものをおとなが共感的に理解し，子どもの声に応答していくことが不可欠です。

障害のある子どもたちの見え方や感じ方を理解する上で，障害に関する基礎知識を学ぶことは重要です。しかし，診断名や障害特性はその子の思いやねがいを直接説明するものではありません。障害児保育では「問題行動は発達要求の現れ」という考え方を大切にしてきました。また今日，発達障害のある子どもの保育実践では「困った子ども」は「困っている子ども」だという子ども理解も広がりました。つまり，障害児保育において子どもの意見表明権を保障するとは，子どもの表情やしぐさ，「問題」とされたり，場面や文脈と関係のないように見える行動の背景にあって，子どもが本当に「わかってほしい」とね

＊3　藤崎春代・西本絹子・浜谷直人・常田秀子『保育のなかのコミュニケーション――園生活においてちょっと気になる子どもたち』ミネルヴァ書房，1992年。

＊4　楠凡之『自閉症スペクトラム障害の子どもへの理解と支援』全国障害者問題研究会出版部，2017年，p. 27。

がっていることを聴きとることに他ならないのです。

ですから，子どもの「最善の利益」も大人や社会が一方的に決めつけるのではなく，保育実践において「子どもに尋ねる」[＊5]ことが大切にされてきたのです。そして子どもの意見表明権は，子どもの声を聴きとることのできる保育や生活が保障されているかという視点で，保育所・幼稚園や家庭のありようを見直し，保育士の配置や加配基準，保護者の労働・生活環境を改善する社会保障などといった，子どもの発達保障に必要な条件整備を求めるものと理解されました。

2　統合保育からインクルーシブな保育へ

国際的にも20世紀最後の四半世紀は，通常の教育環境において障害のある子どもたちの教育保障を追求する教育的統合が原則となっていきます。1993年の国連「障害者の機会均等化に関する基準規則」では，「統合された環境での機会均等」の原則が示されました。1994年にはユネスコが「特別なニーズ教育における原則，政策，実践に関するサラマンカ宣言と行動大綱」を採択し，通常学校を念頭において特別な教育的ニーズのある子どもたちを包摂する「インクルーシブな学校」の改革と「特別ニーズ教育」の原則を提起しました。

それまで「統合保育」といえば，ともすると障害のない子どもによって構成される集団や活動に，障害のある子どもをいかに接近・参加させるのかが課題とされました。しかし，保育現場には「障害のある子ども」と「障害のない子ども」という二分的な理解自体が成り立たないほど，多様な困難や特別なニーズのある子どもたちが多数存在していたのです。

本章の冒頭で述べたように，「包摂」や「包容」と訳される「インクルージョン」は，「排除」を意味する「エクスクルージョン」の対概念です。「排除」とは障害のある子どもの権利が制限・剥奪されている状態をさします。ですから，障害のある子どもと障害ない子どもが場所や空間を共有し，一緒に生活し，遊んでいる状態だけをさして「インクルージョン」ということはできません。

＊5　茂木俊彦『障害児教育を考える』岩波書店，2007年，pp. 56-58。

保育の中で，障害のある子どもが表情や行動などで表現する意見（view）を聴きとれる関係が築けているか，その子なりに日課や遊びに参加し，楽しさや手応えを感じることができているか。このように，あらゆる保育場面で障害のある子ども，特定の子どもが「排除」されていないかを絶えず確かめながら，一人一人の多様なねがいや思いが尊重され，全ての子どもの発達の権利を保障するための不断のプロセスが，「インクルーシブな保育」といえます。

1990年代以降，都市部を中心に，障害のある子どもへの直接支援だけではなく，保育者や園全体の状況を間接的に支援する巡回相談の要請が高まり，心理専門職の相談員が保育者に伴走しながら保育実践を進めるスタイルが普及し始めます[*6]。このようにインクルージョンという視点に立って，「どの子も排除しない保育」を実現するためには，障害や特別なニーズのある子どもを含んだ保育全体を支援する必要があるという認識が広がりつつあったのです。

5　どの子も排除されない保育をめざして

1　障害者権利条約とインクルーシブ教育

2006年，国連では排除のないインクルーシブな社会の実現を目標とする障害者権利条約が採択されます。障害者権利条約は「一般原則」（第3条）の一つに，「社会への完全かつ効果的な参加及び包容」というかたちで「インクルージョン」（包容）の理念を掲げており，国際人権条約の到達点とされます。

そして第24条（教育）では「教育についての障害者の権利」を実現するためのインクルーシブ教育の目標を3つ掲げています。すなわち，「人間の潜在能力並びに尊厳及び自己の価値についての意識を十分に発達させ，並びに人権，基本的自由及び人間の多様性の尊重を強化すること」，「その人格，才能及び創造力並びに精神的及び身体的な能力をその可能な最大限度まで発達させること」，「自由な社会に効果的に参加することを可能とすること」です。

＊6　三山岳「障害児保育における巡回相談の歴史と今後の課題」『京都橘大学研究紀要』(39)，2012年。

ここで留意すべきは，通常の環境（通常学校・学級，保育所・幼稚園）において，障害のある子どもの保育・教育を進めることがインクルーシブ教育の唯一の形態・方法ではないということです。すなわち，保育・教育の形態を問わず，いかなる場においても，障害のある子どもに対して上記の３つの目標を実現することがインクルーシブ教育なのです。反対に，これら３つの目標が軽視されたり，じゅうぶんに達成されない保育・教育環境におかれるとすれば，それは障害のある子どもの差別や排除につながりかねないということです。

2　保育における合理的配慮

障害者権利条約の特徴は，このように障害のある子どもの排除をなくし，権利を確実に保障するために，「障害に基づく差別」（第２条）の範囲を押し広げたところにあります。障害を理由に権利や自由が制限されるだけではなく，そうした状態を放置すること，具体的には「合理的配慮」をしないことも差別に該当するという，差別について強い考え方をしているのです。

合理的配慮とは，本人が権利や自由を平等に確保するために，今提供されている保育・教育や支援に加えて求めることができる「変更及び調整」をさします。かつ，これを提供する側に「均衡を失した又は過度の負担を課さないもの」とされています。合理的配慮は，子どもの発達や障害の特性に応じた個別の配慮や支援の言い換えではなく，ましてや「えこひいき」でもありません。また「あの子は発達障害があるから，こんな支援や配慮が必要だろう」と，保育所・幼稚園の側でその内容を先回りして決めるものでもありません。

合理的配慮の要点は，その内容を決定し提供していくプロセスにあります。障害者権利条約の根幹には「私たち抜きに，私たちのことを決めないで」という理念があります。乳幼児期には，保護者が子どもの意見を代弁することが多いでしょう。ですから保育者は，保護者からこれまでの子育てや家庭での生活の様子を聴きとりながら，保護者の抱える不安や悩みを丁寧に受けとめることが求められます。そうして，子どもの姿を一緒に確かめ合いながら，「こんな子どもに育ってほしい」「子どもにこんな生活を送ってほしい」というねがいを共有することが大切です。そのうえで，障害のある子どもが安心して園生活を送る上で，どのようなことに不安を感じ困っているのか，その不安や困りごとを取り除くために現状の保育に加えていかなる手立てが必要か。その子がクラスの子どもたちと同等に，生活年齢にふさわしく発達にかみ合った遊びや活動に参加するためにどのような配慮や調整が必要か。保育者は，保護者と共に子どものねがいや不安を丁寧に確かめ合いながら，合理的配慮の内容を一緒に考えていくことが求められます。こうして合理的配慮の取り組みを蓄積しながら，どの子にも当たり前に必要とされる基礎的な保育環境を豊かにしていくところに，保育における合理的配慮の意義があります。

日本は2014年に障害者権利条約を批准しています。これに合わせて障害者差別解消法（2013年）が制定され，公的機関に合理的配慮の提供が義務づけられました。合理的配慮を確実に提供するためにも，もっぱら保育所・幼稚園側の個人的な努力に頼ることなく，また「均衡を失した又は過度の負担」が合理的配慮の提供を拒否する方便とならないよう，公的な責任において条件整備を進める必要があります。

6　幸福に生きる主人公として発達する

障害児保育は，障害のある子どもたちが，乳幼児期にふさわしい生活や遊びから排除されることなく，かけがえのない仲間と出会いながら，集団の中で一人一人が自分らしく発達していくことを保障する保育です。障害や困難があったとしても，自分のねがいを表現することが保障され，自分らしさやねがいを認め合えるような子どもや集団として育ち合うことが，どの子も排除することなく，全ての子どもの発達を保障するインクルーシブな保育の基本です。

子どもに障害があるということは，できないことやできにくさがあるということであり，それゆえ日々の生活において苦しみや悲しみに直面せざるを得ないということです。そうした生活のもとでねがいの実現が阻まれ，ねがいを表現する意欲やちからが制約されることのないよう，障害のある子どもが毎日安心して楽しく過ごせる，当たり前の生活を保障することが保育の責務です。

障害のある子どもたちも，日本国憲法第13条が謳うように「生命，自由及び幸福追求」の権利を有する主人公として発達していく存在です。時に「問題行動」として表現されることもある，子どもの苦しみや悲しみを受け止め，その苦しみや悲しみに潜む「こんな生活を楽しみたい」「友達といっしょに遊びたい」「こんな自分になりたい」といった幸福へのねがいを聴きとることから保育実践は始まります。障害のある子どもとその保護者にとって，乳幼児期は障害と共に生きていく人生の入り口です。だからこそ，障害のある子どもが，周りのおとなや友達への安心と信頼を育みながら，自分への信頼を確かなものとしていけるような生活の土台を築くところに，障害児保育の中心的なしごとがあるのです。

まとめ

今日，インクルージョンが強調されていますが，障害児保育の歴史は，障害のある子どもたちが乳幼児期にふさわしい生活から排除されている現実に働きかけ，障害のある子どもの発達に必要な生活をつくり出しながら「どの子も排除されない保育」をめざす努力の積み重ねでした。子どものねがいを深く聴きとりながら，発達に必要な生活をつくり出していくことは，全ての子どもの保育に求められることです。そうだとして，一人一人の違いや多様性の中に障害や発達の困難さを埋没させることなく，障害のある子どもの苦しみや悲しみに潜む発達要求に応える生活と遊びを保障することが，障害児保育のしごとといえます。

さらに学びたい人のために

○糸賀一雄『この子らを世の光に――近江学園二十年の願い（復刊）』NHK 出版，2003年。

今も読み継がれる障害児教育・福祉の古典的著作。「この子らを世の光に」という発達保障の思想を生み出した近江学園とびわこ学園における子どもたちの姿が生き生きと描かれ，実践に取り組んだ糸賀たちの息遣いが伝わってくる筆致が印象的です。障害のある子どもとともに生きようとした糸賀たちの喜びや苦悩には，今日の障害児保育・教育にも通じる示唆が豊かに含まれており，実践者の背中を後押ししてくれます。

○茂木俊彦『障害児教育を考える』岩波書店，2007年。

障害のある子どもの子ども理解と教育・保育実践のあり方について，発達論や障害論，国際的な人権保障の流れ，特別支援教育の動向などを踏まえて具体的に論じています。筆者の「子どもに尋ねる」という言葉に象徴されるように，障害のある子どもに学び続ける姿勢を崩さず，現場の実践に敬意を払い，実践に学びながら障害のある子どもの発達保障と権利保障を進めていくことの大切さを学ぶことができます。

第Ⅱ部　障害の理解

第4章

心身の障害とその理解

●●● 学びのポイント ●●●

- 様々な障害の特徴について理解する。
- 障害のある子どもへの保育のあり方について考える。
- 障害のある子どもに関する今日の課題について理解する。

WORK　障害の種類と特性について考えてみよう

① あなたの園に，運動機能障害のある子ども（例えば車椅子使用の子ども）が入園した時にどのような準備をすればよいか，考えてみましょう。

② あなたの園に，療育を受けている子どもがいたら，保護者から療育内容を聴取して，園でできる療育内容を考えてみましょう。

③ 子どもに障害を疑わせる行動特徴があった場合に，それを保護者に伝える際の手順を作成してみましょう。

● 導　入 ● ● ● ● ● ● ●

本章では，心身の障害を運動機能の障害（肢体不自由）と精神機能の障害に分けて論じます。精神機能の障害については，知的障害，言語障害，てんかんなどの従来の（古典的）障害と，近年注目されるようになった自閉症スペクトラム障害，注意欠陥・多動性障害，学習障害に代表される発達障害に分けて説明します。最後に，心身の障害における医療と，医療と連携するに当たっての保育士・教師の役割について述べます。

● ● ● ● ● ● ● ●

1　障害の種類と特性①運動系の障害（肢体不自由）

肢体不自由とは，身体運動（随意運動）を本人の意志通りに行うことが不自由な様々な障害の総称です。肢体不自由の原因となる障害を表４-１に示しました。

脳性麻痺は，肢体不自由の原因障害の中で最も多いものです。脳性麻痺は，胎内あるいは出生の過程で，胎児（新生児）の脳神経細胞（主に運動皮質，あるいは大脳基底核）や神経伝導路（錐体路）が損傷を受けることで発症します。脳の運動皮質（運動野）や錐体路は，人の随意運動を可能にする脳部位です。損傷を起こす理由として最も多いのが難産などに伴う低酸素状態です。近年の新生児・未熟児医療の進歩によって発症頻度は減りましたが，新生児黄疸を起こす高ビリルビン血症も原因となります。また原因は不明ですが胎児が脳梗塞を起こすことによって発症するタイプ（片麻痺）もあります。損傷の部位と広がり，また原因によって，全身の筋力が低下する四肢麻痺，半身に麻痺が起こる片麻痺，また強い不随意運動（意志と関係なく起こる運動）によって随意運動が障害されるアテトーゼ[*1]型麻痺などがあります。脳神経細胞は一旦損傷を受けると再生しないため，根治治療法はなく，運動療法，作業療法などのリハビリテーション治療が主体となります。また広範な脳の障害によって，知的障害やて

＊１　アテトーゼ：四肢をくねらすような不随意運動のこと。

表4-1　肢体不自由の原因障害

•脳性麻痺 •小児麻痺（ポリオ） •筋ジストロフィー（Duchenne型，福山型） •脊髄損傷 •二分脊椎症 •脊髄性筋萎縮症（Werdnig-Hoffman病） •末梢神経ニューロパシー •脳出血，脳梗塞後遺症

出所：筆者作成。

んかんなどの合併症も多く，重度の脳性麻痺は，重症心身障害（以下，重心）の原因となります。

小児麻痺はポリオウイルスの感染によって，脊髄から運動神経が枝分かれする部位（脊髄前角）の神経細胞が障害を受け，運動神経麻痺が起こる疾患です。ポリオワクチンが開発される1960年代前半までは，肢体不自由の最大の原因疾患の一つでしたが，現在ではポリオワクチン接種によって新規発症はありません。

筋ジストロフィーには，いくつかタイプがあります。Duchenne型筋ジストロフィーは，X染色体上にあるジストロフィンいうタンパク質をコード[*2]した遺伝子の変異によって引き起こされる遺伝性疾患です。X染色体が1本しかない男子に発症し，進行性の全身の筋力低下が起こります。幼児期までの運動発達はおおむね普通ですが，次第に四肢の近位筋（胴体に近い部分の筋）の萎縮と筋力低下が起こり，さらに肋間筋や横隔膜などの筋力低下が進みます。患児は車椅子生活からベッド上に寝たきりの状態となり，20歳台になると呼吸困難によって人工呼吸器が必要となります。心臓の筋肉（心筋）の筋力低下も起こるため，心不全が進行します。

先天性（福山型）筋ジストロフィーは，日本の福山幸夫医師によって発見された日本に多い先天性の筋ジストロフィーです。原因はフクチンという遺伝子の変異によって，生まれた時から筋力低下があり，フロッピーインファント

＊2　タンパク質合成に必要な情報が載っている。

（ぐにゃぐにゃ乳児）と呼ばれます。てんかんと知的障害を合併することが多く，Duchenne型ほどではありませんが，ゆっくりとした進行性の筋力低下が起こります。

脊髄損傷は，転落や自動車事故などによって脊椎（背骨）の骨折が起こり，その内部を走っている脊髄が切断されたり圧迫されることによって起こります。脊髄の損傷部位が首に近いと全身の運動麻痺と呼吸不全が起こり，人工呼吸器が必要になります。胸椎以下で損傷が起こると，主に下肢の麻痺と膀胱直腸障害が生じます。車椅子での生活が必要になりますが，知的障害はありません。

二分脊椎症は，胎児期に脳と脊髄が形成される過程が正常に進まず，脊髄の末端が融合せず，下肢や陰部に分布する末梢神経とつながらないために発症する運動神経と感覚神経の麻痺を来す疾患です。重症例では，下肢の完全な弛緩性麻痺と感覚麻痺ならびに膀胱直腸障害を呈しますが，軽症例では下肢の不全麻痺（筋力低下）のみの場合もあります。水頭症を合併することもよくあります。

脊髄性筋萎縮症は，SMN遺伝子の変異によって，脊髄前角細胞が変性，壊死を起こすことによって生じる，全身の筋力低下，筋萎縮を来す神経疾患です。常染色体劣性遺伝形式によって遺伝する疾患であるため，両親は保因者です。重症度によって，3つのタイプに分けられ，最重症（タイプ1）はWerdnig-Hoffmann病と呼ばれ，乳児期から筋力低下が進行します。このタイプでは，1歳ごろまでに呼吸麻痺が進行し，人工呼吸器なしでは生存できません。タイプ3は最軽症でKugelberg-Wellander病と呼ばれ，進行は緩徐で筋力低下中程度で歩行も可能なことがあります。

末梢神経ニューロパシーは，四肢の末梢神経が遺伝的な要因で変性し，四肢の筋力低下や感覚障害を引き起こすものです。Charcot-Marie-Tooth病などが知られていますが，希な疾患群です。

小児には希ですが，頭部外傷（身体虐待，事故）や血液疾患（凝固異常症など）で脳出血，先天性心疾患による脳梗塞などによって運動麻痺が起こることがあります。

2 障害の種類と特性②精神機能系の障害

1 視覚・聴覚障害

眼鏡などで矯正が可能な屈折障害（近視など）を除く，重度の視覚障害は他の障害に比べて頻度は低い（10万人に2.5人）のですが，保育上特別の対応が必要になります。重度の視覚障害には，発達過程での強度の屈折異常や斜視による弱視と，先天性の脳疾患や未熟児網膜症による視力欠損（黒内障）があります。

屈折障害や斜視では，左右の目から入った光によって網膜上に結ばれる物の像がぼやけていたり歪んでいるために，脳の視覚野での形の認識が不正確になってしまいます。眼鏡をかけても視力が1.0以上になりません。

黒内障は，脳の奇形などによる視神経や網膜の形成異常，無眼球症や小眼球症のように目の構造の異常，先天性白内障，未熟児網膜症などが原因で起こります。

小児期の聴覚障害（難聴）は，大きく伝導性聴覚障害と感覚神経性聴覚障害に分けられます。伝導性聴覚障害は，中耳炎による鼓膜や中耳の構造の変化によるものが大部分で，難聴の程度も矯正を必要としない程度の軽いものです。重度の聴覚障害は，大部分感覚神経性聴覚障害によるものです。感覚神経性聴覚障害は，内耳や聴覚神経の障害によるもので，遺伝性脳疾患や胎児期の感染症（サイトメガロウイルス，トキソプラズマ）などが原因となります。

2 言語障害

言語の理解と表出に困難のある状態で，様々な原因によって起こります。言語はヒト固有のコミュニケーションの手段であり，また感情表出の一形態です。言語の学習（獲得）は，特に周囲の大人が教えなくても可能であることから，ヒトの脳に自然に備わった機能であると考えられています。

乳児期の子どもは，話しかけられたり，周囲で話されている言葉を聞くことによって，自然に言葉の意味を理解していきます（言語理解）。また喃語を繰り返し喋ることによって，周囲の発語を模倣することができるようになります（言語表出）。通常1歳前後で初めて意味のある言葉（有意味語）を喋り，2歳前後で二語文を喋り始めます。

言語理解の遅れの原因としては，難聴，知的障害，自閉症スペクトラム障害／自閉スペクトラム症，言語表出の遅れの原因としては，上記に加えて特異的言語障害，脳性麻痺などがあります。特異的言語障害は脳内の語音の弁別機能の発達に遅れがあるために，言語理解はある程度できても，語音を上手く発音できないことなどによる言語表出の遅れを来す状態です。脳性麻痺では，舌や口唇の滑らかな運動が障害されて言語理解はできても，発語が困難な場合と，合併する知的障害のために，言語理解，表出がともに困難な場合があります。

広義の言語障害としては，DSM-5でコミュニケーション障害に分類される構音障害や吃音があります。構音障害は，か行やさ行の語音の発音が正確にできない状態（きりん→ちりん，ねこ→ねと，さかな→たかな）です。大部分は自然に改善します。

3　てんかん

ヒトの脳は何千億もの神経細胞によって形成されていますが，神経細胞は個々にばらばらに活動するのではなく，お互いに電気的な信号を伝え合うことによって集団として働き，様々な脳機能を担っています。この電気的な信号の統制が乱れ過剰になることが，てんかん（症候群）の原因です。症候群としたのは，その原因は一様ではないためですが，近年の研究によって多くは神経細胞の電気的な信号をコントロールする仕組みに関与する遺伝子の異常によることがわかってきました。

てんかんはその原因から大きく原発性てんかんと症候性てんかんに分けられます。原発性てんかんは，脳疾患などの基礎疾患がなく発症するもの，症候性てんかんは，基礎となる脳疾患の一症状としててんかんがあるものです。脳出

表4－2　てんかんの分類

	種類（症候性てんかんではその基礎疾患）
原発性てんかん	複雑部分発作，純粋小発作，点頭てんかん（一部），Roland てんかん，Panayiotopoulous 症候群，Dravet 症候群
症候性てんかん	結節硬化症，レクリングハウゼン病，自閉症スペクトラム障害，脳性麻痺，福山型筋ジストロフィー，脳出血・脳梗塞後遺症，代謝異常症（フェニルケトン尿症など）

出所：筆者作成。

血や脳腫瘍，先天性脳疾患（脳奇形，代謝異常症，遺伝子異常症）など多くの脳疾患にてんかんが合併します（表4－2）。原発性てんかんの原因は不明でしたが，近年は遺伝子異常によるものが多いことがわかってきました。

てんかんの症状は，突然に起こる「てんかん発作」と呼ばれる全身あるいは体の一部の痙攣（けいれん），意識消失，全身の脱力，転倒などです。

てんかんのある子どもは，一つあるいは複数の種類のてんかん発作が，様々な頻度（1年間に数回～1日に数十回）で繰り返して起こります。1回の発作は，通常数秒～数分ですが，30分以上続く場合（てんかん重積状態）もあります。発作後は睡眠や意識もうろう状態がしばらく続くことが多いのですが，自然に回復します。

てんかんは小児期の障害の中では比較的頻度（有病率）が高く，子ども全体の1％前後にみられます。

小児の主なてんかん症候群について表4－3に示します。

てんかんの診断はその症状（発作の繰り返し）と脳波検査（てんかん波）によって行います。治療は抗てんかん薬による薬物療法が主体ですが，ホルモン療法（点頭てんかん）や特殊な治療食（ケトン食）による治療法もあります。

こうした治療に反応しない難治性てんかんもありますが，70％の患児で発作の軽快や消失がみられます。また小児期に多い Roland てんかんや Panayiotopoulous 症候群は，思春期までに自然軽快することがわかっています。

表４－３　主なてんかん症候群

てんかん症候群名	特　徴
点頭てんかん（West 症候群）	乳児期に発症，全身をびくっとさせる発作，知的障害の合併が多い
Lennox-Gastaut 症候群	幼児期に発症，全身脱力，全身痙攣など多彩な発作，難治性
純粋小発作（Petit Mal）	一瞬の意識消失発作が多発，自然治癒することが多い
Dravet 症候群	熱性痙攣で始まり，次第に全身のびくつき発作が出る，知的障害を来す
Roland てんかん（中心・側頭部に棘波をもつ小児良性てんかん）	睡眠時に顔や腕のけいれん発作，子どものてんかんの中で頻度が多い，５歳前後で発症，思春期までに自然治癒する
Panayiotopoulous 症候群	睡眠中や起きがけに悪心・嘔吐に続いて脱力発作，自然治癒，幼児期に多い

出所：筆者作成。

4　知的障害

言語や知識，論理的思考などの知的能力の獲得と使用に困難がある状態です。多彩で複雑な知的能力を，客観的に測定する方法として，フランスの Simon や Binet によって開発された知能テストの指数（知能指数 IQ）（平均値100）でおおむね70未満を知的障害ありとします。知能指数ではなく個人の社会生活の様々な領域での行動から知的障害を判断する考え方もありますが，小児の場合は知能指数によって判断するのが一般的です。

知的障害の原因は極めて多様です（表４－４）。脳の先天性の疾患（奇形，代謝異常症）や，脳性麻痺や自閉症スペクトラム障害の合併症，ダウン症などの染色体異常症，脳炎や脳出血などの後遺症が主な原因ですが，原因不明の知的障害も少なくありません。

診断は，知能検査あるいは発達検査によって行います。知能検査は，検査者の言語的指示を理解する必要があるので，通常５歳以上で行います。代表的な知能テストは，WISC-Ⅳ（Wechsler Intelligence Scale for Children）と田中ビネー知能検査Ｖです。WISC-Ⅳは５歳以上，田中ビネー知能検査Ｖは２歳以上で測定できます。図形の理解を利用した Raven 色彩マトリクスという検査法

表4－4　知的障害の原因

•遺伝子異常症：アミノ酸代謝異常，ライソゾーム病，ムコ多糖症，結節性硬化症，レット症候群，脆弱エックス症候群，ウイリアムズ症候群など •染色体異常症：21トリソミー，18トリソミー，猫泣き症候群，プラダーウィリ症候群，ターナー症候群など •胎児期，周生期異常：胎児性アルコール症候群，先天性風疹症候群，低酸素性脳症，脳奇形，クレチン症 •後天性疾患：脳炎後遺症，髄膜炎後遺症，脳外傷 •環境要因：小児虐待，ネグレクト，栄養失調，放置された難聴

注：原因疾患が特定できるもの。原因疾患が特定できない知的障害も多い。
出所：筆者作成。

も有用です。知能検査は，多数の子どもに行った結果を統計的に処理して，平均値が100（知能指数：IQ）になるように設計されており，おおむね知能指数70以上が健常域です。

知能指数で，知的障害の程度を分類することが慣例化しており，70以上（健常域），69～50（軽度遅滞），49～35（中度遅滞），34以下（重度遅滞）と分類しています。なお，教育現場では医学的には健常域でもIQ70～80（90）を境界域（グレーゾーン）とすることがあります。

知的障害は子ども全体の0.9％とされています。ただしこの数値は，障害児学級と在宅の知的障害児数から推定したものです。IQが70前後の子どもは普通学級に在籍することもあるので，実際にはもう少し多いと考えられます。[*3]

5　重心・医療的ケア

重心は重度の知的障害と肢体不自由が併存する状態を示す用語ですが，医学的な診断名ではなく，福祉や教育領域の用語です。判定基準としてよく使用されるのは大島の分類で，おおむね知能指数が35未満（重度知的障害）でかつ身体機能は「寝たきり」あるいは「座位が可能」な状態をいいます。

重症心身障害児は，運動面では歩行や移動ができず，食事，衣服着脱，入浴

＊3　内閣府「平成30年版障害者白書」2018年。

といった動作を行うことができません。また知的障害によって言語・非言語的コミュニケーションが大きく制限されています。咀嚼嚥下の困難を伴う場合には，経口での摂食ができず，経管栄養が必要になる場合もあります。重度の神経筋疾患がある場合は，自力での呼吸ができず気管切開や人工呼吸器の装着が必要になります。

重症心身障害児は全国に4万人前後おり，基礎疾患の治療のために病院や重心施設に入院・入所して，治療やリハビリを受けている子どもと，在宅で通院治療やリハビリを行う子どもがいます。人工呼吸器による呼吸管理を在宅で行っている子どもも全国に2,500人程度いることがわかっています[*4]。

人工呼吸，経管（経鼻）栄養あるいは胃瘻（いろう）からの栄養補給を受けている重症心身障害児は，学校や園においても口腔や鼻腔，気管カニューレ内に滞留する喀痰（かくたん）を定期的に吸引する必要があります。また経管あるいは胃瘻から栄養剤や流動食を注入することも必要です。ある程度危険を伴うこうした医療行為は，原則的には医療従事者（医師，看護師）しか行ってはいけませんが，子どもの生活圏の拡大や学ぶ権利を保障するために，法改正により，医（療）行為の特例（特定）行為として，以下の5種類の行為を医師免許や看護師免許を持たない教員が行ってもよいことになりました。

- 口腔内の喀痰吸引
- 鼻腔内の喀痰吸引
- 気管カニューレ内の喀痰吸引
- 胃瘻または腸瘻による経管栄養
- 経鼻経管栄養

教員による上記の特定行為と従来から学校看護師が行っていた医行為を合わせて医療的ケアと呼び，全国の学校で行われるようになっています。

国連の障害者の権利に関する条約が2014年に日本でも批准され，学校だけでなく保育所や幼稚園，認定こども園でも医療的ケアが受けられる体制が次第に整備されてきています。

＊4　中村和夫「小児の在宅医療について」『日本医師会雑誌』144(3)，557-560，2015年。

3 障害の種類と特性③発達障害

発達障害は，自閉症スペクトラム障害／自閉スペクトラム症（Autism Spectrum Disorders：以下，ASD），注意欠陥・多動性障害／注意欠如・多動症（Attention Deficit Hyperactivity Disorders：以下，ADHD），限局性（特異性）学習障害（Specific Learning Disorders：以下，LD）およびその関連障害の総称で，単一の診断名ではありません。

それぞれの障害について，定義，原因，疫学，症状，診断，合併症，治療，対応（ケア）などの観点から説明します。

1 自閉症スペクトラム障害／自閉スペクトラム症（ASD）

定義：ASD は，社会性と情動コントロールの発達の障害で，発達障害の一つです。

原因：かつては養育者（親）との愛着形成不全が原因と考えられていた時期がありましたが，現在では遺伝的要因（遺伝子）に胎内環境などが関与して発症すると考えられています。双子研究では，一卵性双生児のほうが二卵性双生児より同時発症率が高いことが知られており，遺伝的要因説を支持する知見と考えられています。水銀や環境ホルモンが発症と関与するという考えもありましたが，現在では否定されています。

疫学：確定診断のためのバイオマーカー（血液検査，脳波など）がなく，症状から診断するために，報告されている罹病率には幅がありますが，おおよそ子ども全体の１～1.5%と考えられます。その発生率が近年増加しているという考えもありますが，明らかではありません。発生率に明らかな男女差があり，男女比は４～５：１です。

症状：ASD の基本的な症状は，言葉，表情，動作を介した他人の意図理解の困難とそのための対人的社会行動の困難，特定の物や行為，場所への強いこだわり，さらに特定の感覚刺激（音刺激，視覚刺激，接触刺激，味覚）などへの過敏あるいは鈍麻です。言葉の発達（理解，表出）遅滞も多くのASD児にみられますが，軽度ASD（アスペルガー症候群）には言語発達遅滞はみられないこともあります。定型発達児では，他人の言語，表情，動作などから，他人の意図（気持ち）を理解する能力（社会認知力，ソーシャルスキル）が，自然に身に付きますが，ASD児ではその発達が遅れたり，みられなかったりします。言語遅滞があれば，当然他人の言葉から意図を理解することが困難ですが，言語遅滞のないASD児でも，比喩（「ここでは蟻さんの声でお話しましょう」），暗喩，皮肉（「〇〇ちゃんは，ほんとうにお利口ですこと！」）などの様々な表現法（修辞法）の理解は困難です。

こだわりは定型発達（健常）児にもみられますが，ASD児のこだわりは，こだわりの対象と程度が異常です。たとえばミニカーを並べて遊ぶことが好きな子どもはいますが，ASD児の場合には①ミニカー並べばかりをして長時間遊ぶ，②並びがすこしでもずれるとパニックになる，③他の子がミニカーに触ると激怒する，などの特徴があります。そのほか通園の道順，様々なマーク類，時計などへのこだわりがよくみられます。

感覚過敏で最も多いのが大きな音への感覚過敏です。掃除機，ドライヤー，サイレンなどの音を聞くと，耳を押さえて泣き出したり，その場から逃げ出したりします。視覚過敏では，テレビなどで特定のコマーシャル場面をみると，音の過敏と同様の症状をしめします。触覚過敏では，衣服の感触を嫌がったり靴下をはくことを忌避したりします。味覚の過敏では，味や舌触りを嫌がり，極端な偏食になったりします。

感情（情動）コントロールの困難もASD児の特徴です。周囲からはわからない感覚過敏や，過去の記憶の思い出し（フラッシュバック）によって，急に不安になったり，また逆に上機嫌になって笑い出したりすることがあります。

診断：アメリカ精神医学会が編集した『精神疾患の診断と統計マニュアル（DSM-5）』の診断基準（表4-5）による診断が一般的です。心理テストやチェックリスト（M-CHAT）などによるスクリーニングが行われていますが，それで診断が確定できるわけではありません。M-CHAT（Modified Checklist for Autism in Toddlers）で陽性（ASDハイリスク）とされた場合でも，後にASDと

表4-5　ASDの診断基準

A：様々な場面における社会的コミュニケーションと社会関係の障害で，以下に掲げる特徴が現在ある，あるいは過去にあったこと。なお，以下の例は典型的なものであり，必ずしもなくてはならないものではない。

1．社会的・情緒的相互作用の障害で，たとえば異常な対人的接近や通常の会話のやり取りができないこと，関心や情緒，愛情を他人と共有できないことや社会的相互の関係を開始，応答することができない。
2．社会関係において使用する非言語的コミュニケーション行動の障害，たとえば貧弱な言語的あるいは非言語的コミュニケーション，異常なアイコンタクトやボディランゲージ，あるいは身振り手振りの理解や使用の障害，さらには表情による感情表現や非言語コミュニケーションの完全な欠如がある。
3．対人関係の開始，維持と理解の障害のために，たとえば様々な社会場面にふさわしく行動を調整することが困難なことや，想像的な遊びの共有や友人を作ることの困難や，友人への関心の欠如などがある。

現在の重症度を明確にすること：重症度は，社会的コミュニケーションの障害，制限された反復する行動パターンによる。

B：制限されたあるいは反復する行動様式や関心，活動が，以下の例のうち2つ以上現在ある，あるいは過去にあったこと。

1．型にはまったあるいは反復的な動きや，物の扱い方，あるいは話し方（例：単純な常動運動，おもちゃを並べること，物をぺらぺらと振ること，反響言語，決まり言葉など）。
2．同じであることへの固執，ルーチンへの頑なこだわり，儀式的な言語的あるいは非言語的行動（例：小さな変化による強い苦痛，行動を移行することの困難，固い思考パターン，儀式的な挨拶，毎日同じ道筋や同じ食べ物にこだわることなど）。
3．非常に制限され，程度や対象が異常な関心（例：奇妙な対象物への強い愛着や執着，過剰なもの）。
4．感覚刺激への過敏あるいは鈍感，環境への感覚面での異常な関心（例：痛みや温度への明らかな無関心，特別な音や手触りの嫌悪，物の匂いを過剰にかいだり，触ったりすること，光や動き回ることに視覚的に幻惑されるなど）。

現在の重症度を明確にすること：重症度は，社会的コミュニケーションの障害，制限された反復する行動パターンによる。

C：症状は初期の発達過程で見られなければならない（ただし，社会からの期待が本人の社会能力を超えるまで，十分に症状が発現しないこともある。また後に獲得された対応方略によって隠蔽されることがある）。

D：これらの症状によって社会生活，職場，あるいは現在の生活における重要な領域において臨床的に有意な機能障害を起こしている。

E：これらの障害は知的障害や全体的な発達の遅れでは説明できない。知的障害と自閉症スペクトラム障害は往々にして併存し，自閉症スペクトラム障害と知的障害の併存症と診断されるが，社会的コミュニケーションの能力は，発達レベルから期待されるより低くなければならない。

出所：American Psychiatric Association (2013). *DSM-5* (*Diagnostic and Statistical Manual of Mental Disorders, Fifth Edition*). American Psychiatric Publishingより筆者訳。

確定されるのは約半数です。知能テストや脳波は診断には役立ちません。

併存・合併症：併存症とは最初からASDと一緒に存在する障害（疾患），合併症はASDが原因となって，後に発症する障害です。ASDの併存症の中で最も発生率が高いのがてんかんです。ASDの子どもの15％にてんかん発作がみられるといわれています。またてんかん発作はみられないが，脳波検査で約半数のASD児にてんかん波と呼ばれる異常な波形がみられます。てんかんほどではありませんが，ADHDもよくみられる併存症です。

治療・療育：療育とは日本独特の言葉で，医学的治療と理学療法・作業療法・言語療法ならびに教育を含んだ複合的な対応法のことを呼びます。ASDでは医学的な治療は，てんかんなどに対する抗てんかん薬治療と，パニックや感覚過敏症などに対する感情調整を目的とした向精神薬（リスペリドン，エビリファイ）治療が挙げられます。

ASDへの療育には，応用行動分析法やRDI（Relationship Development Intervention：対人関係発達指導法）などの行動療法，TEACCH[*5]などの総合的アプローチ法，感覚統合訓練法などが行われています。

2　注意欠陥・多動性障害／注意欠如・多動症（ADHD）

定義：ADHDは，注意力，集中力，衝動抑制などの脳の実行機能が十分に発達しないために引き起こされる障害で，発達障害の中では最も頻度（有病率）の高い障害です。

原因：脳の神経細胞間の電気的信号のやり取りにかかわる，ドーパミン，ノルアドレナリンなどの神経伝達物質の代謝に変異があり，注意や衝動抑制を司る脳の回路の機能が低下するために引き起こされます。代謝の変異は，神経伝達物質とその代謝にかかわる遺伝子の変異がその背景にあると考えられていますが，ASDと同じく胎内環境にも影響を受けています。

＊5　TEACCH：Treatment and Education of Autistic and related Communication handicapped Childrenの略。アメリカノースカロライナ州で開発・実施されるようになった包括的自閉症療育プログラムのこと。

表４-６　ADHDの思考・行動特徴

- 集中力低下
- 衝動性
- 多動
- 無計画
- 柔軟さの欠如
- 自尊感情低下
- 対人的ぎこちなさ
- 反抗
- 忘れっぽい
- 行動のぎこちなさ

出所：筆者作成。

疫学：発達障害の中で最も有病率が高く，日本での調査では子ども全体の３～４％の子どもがADHDの行動特徴をもっていることが示されています。ADHDもASDのように男児に多いのですが，男女比は２：１程度と考えられています。発生率（有病率）は世界各国で調査されていますが，国によってかなり差があります。アメリカやヨーロッパ各国での調査では，日本（４％前後）より高く，アメリカでは子どもの７～８％にADHDがあるといわれ，小児期で最も頻度の高い精神疾患（障害）とされています。

症状：中核的な症状は，不注意，多動性そして衝動性です。私たちは周囲の刺激と意志によって，注意を向けたり，注意を持続させる（集中する）ことができます。また様々な体験による情動（喜び，悲しみ，驚きなど）を抑制することもできます。こうした調節的な脳機能のことを実行（あるいは執行）機能と呼び，前頭葉などの複数の脳部位が，その機能を担っています。ADHDのある子どもはこうした脳の実行機能の働きが十分に発揮されないことによって，表４-６に述べるような行動の特徴がみられます。

ASD同様に，ADHDの確定診断につながる特定の検査法はありません。ADHDに特徴的な行動例を集めたものが，そのまま診断基準となっています（表４-７）。

診断：前項で述べたように，ADHDの診断はその特徴的な症状がどの程度あり，そのために日常生活上に支障があるかどうかで下します。知能検査などの心理テストは参考にはなりますが，それのみで診断はできません。また，

表４-７　ADHDの診断基準

（1）以下の注意欠陥の症状のうち６つ以上が少なくとも６か月以上続いており，そのために生活への適応に障害をきたしている。またこうした症状は発達レベルとは相容れない。

注意欠陥（＊なおすべての症状には，“しばしば”という表現がついているが，省略）

- 細かいことに注意がいかず，学校での学習や，仕事その他の活動において不注意なミスをおかす。
- 様々な課題や遊びにおいて，注意を持続することが困難である。
- 直接話しかけられた時に，聞いていないように見える。
- 学校の宿題，命じられた家事，あるいは仕事場での義務に関する指示を最後まで聞かず，そのためにやり遂げることができない（指示が理解できなかったり，指示に反抗するわけではない）。
- 課題や活動を筋道を立てて行うことが苦手である。
- 持続的な精神的努力を要するような仕事（課題）を避けたり，いやいや行う（学校での学習や宿題など）。
- 課題や活動に必要なものをなくす（おもちゃ，宿題，鉛筆，本など）。
- 外からの刺激で気が散りやすい。
- 日常の活動の中で物忘れをしやすい。

（2）以下の多動・衝動性の症状のうち６つ以上が少なくとも６か月以上続いており，そのために生活への適応に障害をきたしている。またこうした症状は発達レベルとは相容れない。

多動

- 手足をそわそわと動かしたり，いすの上でもじもじする。
- 教室やその他の席に座っていることが求められる場で席を離れる。
- そうしたことが不適切な場で，走り回ったりよじ登ったりする（青年や成人では落ち着かないという感覚を感じるだけ）。
- 静かに遊んだり余暇活動に付くことが困難である。
- じっとしていない，あるいはせかされているかのように動き回る。
- しゃべりすぎる。

衝動性

- 質問が終わる前に出し抜けに答えてしまう。
- 順番を待つことが困難である。
- 他人をさえぎったり，割り込んだりする（例：会話やゲームに割り込む）。

出所：American Psychiatric Association (2013). *DSM-5* (*Diagnostic and Statistical Manual of Mental Disorders, Fifth Edition*). American Psychiatric Publishing より筆者訳。

ASD同様に簡便なチェックリストもありますが，これも診断の補助でしかありません。

併存・合併症：ASD以上に併存・合併症が多いのがADHDの特徴です。アメリカでの調査ですが，ADHD児の約70％に次に述べるような何らかの併存・合併症があることが明らかになっています。

併存（最初から存在する）障害では，学習障害，チック，ASD，合併障害（二

表4－8　ADHD治療薬

一般名（商品名）	服用回数	作用機序	副作用	欠点・長所
メチルフェニデート（コンサータ）	1回（朝）	Dopamin Transporter ↓ Dopamin ↑ Norepinephrine ↑	腹痛，頭痛 食欲不振 不眠	錠剤のみ 分割不可
アトモキセチン（ストラテラ）	2回（朝，夜）	Norepinephrine transporter ↓ Norepinephrine ↑ Dopamin ↑	消化器症状	2回服用 漸増必要 シロップあり
グアンファシン（インチュニブ）	1回（任意）	Norepinephrine α2A receptor ↑	低血圧 眠気	小型錠剤

出所：筆者作成。

次障害）としては，行為障害，不安障害，うつがあります。二次障害は，ADHDの行動特徴のために，本人の自尊感情が育たないことが関与していると考えられています。ADHDの特徴的な行動は，親や保育者，教師の説諭や叱責などを誘発しやすく，そのために自己肯定感を感じる機会が少なくなりがちです。治療・対応のところでも述べますが，子どもの自己肯定感を向上させる様々な対応策が行われています。

治療・対応：ADHDは発達障害に含まれる3つの障害の中で，医学的な治療（薬物療法）が有効です。

非薬物療法としては，環境変容と行動療法が行われています。環境変容は，不注意や多動による症状が出にくい生活，教育環境を準備する方法です。たとえば，教育現場において音や視覚刺激を減らすなど，気が散らない環境にする，課題を小分けにして少しずつステップアップする，教師（保育士）のそばに座らせる，持ち物や教材を置く場所を明示して片付けやすくする，持ち物全てに名前を書き，クリアケースなどに入れる，ルールなどを目立つところに掲示する，興奮してしまった時には，別の部屋でクールダウンする，など，様々な工夫があります。行動療法的対応としては，望ましい行動（学習）がみられた時に，シールやトークンを渡し，一定量シールがたまった時に報償（おやつ増量，動物にえさをあげる権利等）を与える方法（トークン・エコノミー）や，不適切行動がみられた時に，別室に一定時間行かせる（タイムアウト）などが行われています。

こうした非薬物的な対応法が不十分な場合に，薬物療法が行われます。現在日本では3種類の薬がADHD治療薬として認可されていますが，いずれもADHDにおける脳内の神経伝達物質の代謝の乱れを正す作用があります。表4－8に現在使用されているADHD治療薬の特徴についてまとめました。

これらのADHD治療薬によって，ADHD症状の大幅な軽快や，二次障害の発生頻度の低下がみられることが確認されています。

3　特異的（限局性）学習障害（LD）

定義：LDの定義は一通りではありません。その理由は，そもそもLDは，Learning Disorders, Learning Disabilities, Learning Difficultyというお互い重複する類似の状態を示しているからです。Learning Disordersは特異的（限局性）学習障害，Learning Disabilitiesは学習障害，そしてLearning Difficultyは学習困難が対応します。

日本の文部省（現在の文部科学省）の学習障害の定義は以下のようになります[*6]。

> 学習障害とは，基本的には全般的な知的発達には遅れはないが，聞く，話す，読む，書く，計算する又は，推論する能力のうち特定のものの習得と使用に著しい困難を示す様々な状態を示すものである。学習障害はその原因として，中枢神経系に何らかの機能障害があると推定されるが，視覚障害，聴覚障害，知的障害，情緒障害などの障害や，環境的な要因が直接の原因となるものではない。

上記に示されたように，聞く，話す，読む，書く，計算する，推論するという6つの領域における困難が，学習障害（Learning Disabilities）の主要な機能障害になります。一方，「精神疾患の診断と統計マニュアル（DSM）」では，学習障害（Learning Disabilities）として，読みの障害（読字障害），書きの障害（書字障害），算数障害の3つの領域を挙げていますが，聞く，話す，推論の領域は含まれていません。そのため，DSMの最新版（DSM-5）では，これまでの

＊6　学習障害及びこれに類似する学習上の困難を有する児童生徒の指導方法に関する調査研究協力者会議「学習障害児に対する指導について（報告）」1999年。

学習障害という名称を特異的学習障害（Specific Learning Disabilities）とし区別しています（特異的を限局性，と訳する場合もあります）。

学習障害に関する多くの研究は，特異的学習障害について行われていますので，本項では特異的学習障害について述べます。

原因：他の２つの障害と同様に，LD の原因は遺伝的要因であると考えられています。男児に多いとされますが，他の２つの障害（ASD, ADHD）ほど男女差は著しくありません。文字を読んで，その意味を理解する脳の部位（縁上回，角回，下側頭回）の機能が低下していることが脳画像によって示されています。

疫学：次の症状の項で述べるように，症状が多彩であり，正常―異常の境界が明確でないために，有病率には諸説あります。2012年に行われた文部科学省の学校調査では LD は４％と報告されていますが，これは冒頭にも述べた学習困難児（Learning Difficulty）の有病率であり，特異的学習障害は１％前後であろうと考えられています。また，国際的な比較研究では，母国語によって有病率に大きな差があり，有病率の高い英語圏では７～８％前後であるといわれています。

症状：３つの類型ごとに症状を説明します。

○読字障害：特異的学習障害の中で最も多い障害です。文字を読みその意味を取ることが困難なため，字を読むのに時間がかかるだけでなく，文意の把握ができません。黙読，音読ともに読字に時間がかかります。単語レベルでの意味理解が困難なものをディスレクシア（Dyslexia）と読んでいます。単語レベルの読みは可能でも，読みのスピード（滑らかさ）や，文意把握の困難が主体である場合もあります。文章を読むスピードが，その子どもの年齢の標準の25パーセンタイル以下の場合には読字障害を疑います。

○書字障害：文字（仮名，漢字）を正確に書くことができない，あるいは文の区切り（句読点）の位置がわからない，などの症状があります。読字障害と合併することがよくあります。

○算数障害：数字の読み書き，計算，位取りなどの数字や数学の基礎的な理解と推論の困難が主症状です。読字障害に比して，その定義や分類がはっきりしていません。読字障害や書字障害と重複することもあります。

診断：原因や分類がはっきり定まっていないために，診断についても様々な考え方があります。文章の読みや書きのテストの得点が，同年齢の子どもの得点分布の25パーセンタイル以下であり，さらに読みや書きについての評価テストの得点が一定基準以下であることが診断の決め手になります。評価テストには音韻理解テストやラピッドネーミングテスト（多数の絵の名称をできるだけ早く言う）などがあります。なお，文部省の定義にもあるように知的障害がないことが前提となるため，知能テストを行って知的障害を除外することが前提です。

4 医師との連携

障害のある子どもにかかわる医師は，図４−１に示したように，子どもにかかわる様々な職種の中に位置づけられます。保育士・教師にはこれらの医師と連携し，障害のある子どもの心身の健康の維持向上に向けた行動が期待されています。

医師との連携については，以下のように保育所保育指針の諸処でも，医師との連携の必要性が述べられています（下線筆者）。

「嘱託医等との連携を図りながら，子どもの疾病や事故防止に関する認識を深め，保健的で安全な保育環境の維持及び向上に努める」。

「障害のある子どもの保育については（中略）子どもの状況に応じた保育を実施する観点から，家庭や関係機関と連携した支援のための計画を個別に作成」。

「健康な心と体を育てるためには望ましい食習慣の形成が重要（中略）食物アレルギーのある子どもへの対応については，嘱託医等の指示や協力の下に適切に対応する」。

保育所保育指針の中で，「嘱託医等」あるいは「関係機関」と記されている医師は，その文脈の中で「園医」「かかりつけ医」「保健所医師」「専門医」などを示していますが，そのかかわり方は多様です。

障害のある子どもに限って述べると，それぞれの立場の医師の役割は以下の

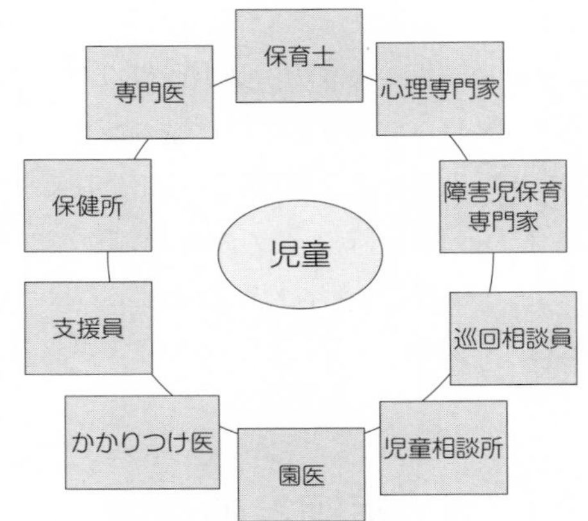

図4－1　障害のある子どもにかかわる職種・機関
出所：筆者作成。

ように異なります。

嘱託医（園医）は，地元のかかりつけ医が兼任することが多く，障害のある子どもの，日常的な健康管理（予防接種，健診等）に加えて，専門医や保健所医師と，保育士・教師と子どもの親の橋渡し役となります。

障害の多くは，病院や医療センターなどの専門医が診断し治療します。専門医は親に障害の種類や性質について詳しく説明するのが普通ですが，医学の専門的知識のない親には十分に障害の性質が理解できない場合があります。また，保育士・教師は障害の性質について親を通じた間接的な知識しか得られないのが普通です。こうした場合，親や保育士・教師は嘱託医あるいは地元のかかりつけ医から，障害の性質に関する医学的な説明を得ることができます。専門医ではなくとも，嘱託医やかかりつけ医は障害についての医学的な知識をもっています。さらに嘱託医やかかりつけ医との連携が重要になるのは，障害のある子どもが感染症などの子どもによくある病気にかかった時です。障害の種類によっては，障害のない子どもよりも症状が重症化したり，病気のケアの方法が異なる場合があります。たとえば脳性麻痺や筋ジストロフィーのある子どもでは，風邪が重症化し肺炎になりやすい傾向があります。もちろん専門医は，障害のある子どもが普通の病気にかかった時の治療についての十分な知識と技術をもっていますが，病院や医療センターまでの通院に時間がかかり迅速な対応が困難です。さらに，病院や医療センターでの診療は予約が前提であるために，迅速な対応ができません。

保育士・教師は親とともに，障害の特徴について嘱託医（園医）と情報を共有し，よくある病気にかかった時の対応法についての知識をもち，応急的なケアができるようにしておきます。

障害の種類によっては，ケアが必要な合併症のある子どももいます。たとえば，脳性麻痺，自閉症スペクトラム障害のある子どもは，高率にてんかんの合併症をもっています。園でてんかん発作が起きた時の応急措置を行える体制と，嘱託医（園医）やかかりつけ医との連絡網を整備しておきます。脳性麻痺や筋ジストロフィーのような肢体不自由児の中には，食物の咀嚼や嚥下が困難で誤嚥を起こしやすい子どもがいます。保育士・教師は親と嘱託医あるいは専門医と連携を密にして，誤嚥が起きた時の救急措置ができるようにしておきます。

保育士・教師と専門医との連携は，原則的に親を通じた連携になりますが，障害の種類や重症度によっては，親の許諾のもとで直接専門医に相談し，園での日常の対応や応急措置について協力体制を作っておくことが必要になります。

まだ数は多くありませんが，医療的ケアを行っている園では，保育士・教師，親，園医，専門医の四者による緊密な連携体制の確立が必須です。

さて，上記は従来の保育士・教師と医師との連携について述べました。近年，保育士・教師と医師との新しいタイプの連携が必要になってきています。それは，「障害の疑いのある子ども」についての連携です。「障害の種類と特性③」で述べた，発達障害（注意欠陥・多動性障害，自閉症スペクトラム障害，学習障害など）では，知的障害を合併した自閉症スペクトラム障害などを除くと，その診断基準上の行動は定型発達児にもみられるだけでなく，発達過程にある乳幼児ではそもそも診断自体が困難であるという特徴をもっています。そのために，特に年少の園児の中には，未だに発達障害という診断を受けたり，親が子どもの行動特徴に気が付かなかったりすることが少なくありません。また，健診等でも気付かれずにいる可能性があります。

保育士・教師は，多数の子どもの行動の特徴や個人差を経験知としてもっています。そのために親が気付かない，あるいは家庭ではなく多数の集団の中でのみ顕在化する発達障害固有の行動特徴に，保育士・教師がいち早く気付くことは多いのです。子どもの診断や治療は，親がイニシアチブをもって行うのが原則ですが，保育士・教師が最初に子どもの発達障害の可能性に気付いた場合の，医師と保育士・教師の連携という今日的な課題が生じています。

子どもの養育の責任者は親であるために，親の許諾なしに保育士・教師の判断で園児を受診させることはできません。また，仮に医師が子どもを診断したとしても，それを保育士・教師に直接告知することはできません。全て親を通じてなされるべきことです。

ここで生じる問題が，親が気付いていない発達障害を疑わせる行動のある子どもがいた時に，保育士・教師はどう対処すべきかという問題です。もちろん，最終的には親が責任をもって対応すべき問題ですが，現代の保育士・教師には親の子育て支援という社会的責務があり，子どもに障害を疑わせる行動がみられる時に，それを親と共有し一緒に対処することが望ましいのです。また，障害のある子どもの特性に合わせた保育を行う上でも，障害の認知は必要になります。

ここで最も直接的な方法は，親に障害を疑わせる行動特徴があることを告げ，さらに専門家（医）受診を勧めることです。ただし，未だに障害への偏見や誤解がある日本では，保育士・教師が子どもの障害の可能性を告げることは親だけでなく保育士・教師にとっても大きな心理的な負担となります。またそのことで，保育士・教師と親の間の信頼関係が崩れてしまう可能性もあります。

保育士が子どもの行動から発達障害を疑いながら，親がそのことに気付いていない場合の理想的な解決策はありませんが，以下のようなことに留意することで，保育士と親の間の葛藤をより少なくする努力が必要です。

①親に告げる時には，保育士・教師一人で行わず，同じ考えを共有する他の保育士・教師と一緒に説明する。

②子どもに発達障害というレッテルを貼るためではなく，正しい診断を得て，その結果を反映させたより良い保育実践のためであることを前もって説明

する。

③対象となる子どもの，どのような行動が発達障害を疑わせるのか，できれば資料を参照しながら，説明する。

さて，上記のような配慮のもとで，子どもが医療機関を受診することになった場合，保育士・教師は親の了承のもとに，医師に対して保育の場における留意点について情報を得ることができます。また親の了承があれば，直接医師から情報を得ることも可能です。親との信頼関係を保ちながら，保育士・教師，親，そして医師の三者間の連携が始まるのです。

まとめ

心身の障害は，様々な脳神経疾患による後遺症が原因のものもあるが，最も多いのは遺伝子が関与した先天的なものである。近年注目されるようになった発達障害は，心身障害の中で最も頻度（有病率）が高く，保育や教育現場で遭遇することが多いために，その正しい知識を身につけることは保育士や教師にとって必須の要件になっている。また狭い意味の治療だけでなく，保育，教育現場での教育的対応が必要なことが多く，医学的な知識だけでなく，具体的な保育・教育的対応についての知識と経験が求められている。

さらに学びたい人のために

○サイモン・バロン＝コーエン，水野薫・鳥居深雪・岡田智（訳）『自閉症スペクトラム入門――脳・心理から教育・治療までの最新知識』中央法規出版，2011年。

自閉症研究の第一人者による自閉症についての入門書。自閉症の本質についての著者の深い洞察が平易に書かれています。

○神尾陽子「発達障害」『診断と治療の ABC』**130**，2018年。

発達障害についてのモノグラフ。最近の知見が紹介されており，発達障害についての現在最良の教科書です。

第5章
障害のある子どもを理解する

● ● ● 学びのポイント ● ● ●

- 子どもの障害に伴う生活上の困難にはどのようなものがあるのかを学ぶ。
- 子どもが抱える生活上の困難について，疑似体験を通じて，子どもの気持ちを学ぶ。
- 子どもの気持ちを知った上で，どのような配慮ができるのかを考える。

WORK 障害のある人の気持ちを考えよう

1．個人で考える（5分）

あなたがこれまでにかかわったことのある，もしくは見かけたことのある障害のある人について，どのような特徴があったか書いてみましょう。

2．グループに分かれて，その人たちの気持ちを話し合う（15分）

「1.」で書いた内容をグループで共有し，その人たちの生きがいや生きづらさを話し合いましょう。

3．グループで整理し，発表する（整理5分，発表時間1グループ5分）

「2.」で出てきた内容から障害のある人の気持ちや望ましい支援を整理し，グループごとに発表しましょう。

導　入

本章では，障害のある子どもを理解するにあたって，子どもの立場になって気持ちを考え，保育者に望まれる支援を深めていきます。子どもの気持ちを実感するために，８つの疑似体験とグループワークを設定しました。子どもの立場と保育者の立場に分かれて考え，話し合うことで支援のあり方を考えましょう。また，疑似体験とともに第４章の障害の説明も参照しながら読み進めることでより理解が深まります。最後に，障害のみならず，生活上の困難に着目することが，幼稚園教育要領にも示されています。それを確認することで，障害名のフィルターを通した理解と，一人一人の子どもの生活実態を通した理解の違いも実感してください。

1　障害のある人は何を感じているのか？

「どうしてそんなことをするのだろう？」

障害のある子どもを見て自分の理解が追い付かない時，保育者はそう感じるでしょう。では，立場を変えてみたらどうでしょうか。

「どうしてそんなに戸惑っているのだろう？」

障害のある人から見れば，周囲の人の戸惑いに対して戸惑いをもっているかもしれません。

どちらの立場になっても，「相手のことが理解できない」という不安な気持ちは変わりありません。障害のある子どものことを理解するためには，自分の考え方や見え方から，相手を理解しようとするだけではなく，相手の考え方や見え方を感じようとすることから始めなければなりません。

その時，障害のある人やその家族が実際に著している書籍などが助けになると思います。いくつか表５－１に示します。

こういった書籍を通して，障害のある人は何を感じて生活を送っているのかを実感してみると，障害のある子どもに対する理解が変わり，見方やかかわり方も考え直すことができるようになるでしょう。

表5－1　障害理解のための参考図書

身体障害	『五体不満足』（乙武洋匡，講談社，1998年）
視覚障害	『見えないってどんなこと――24人，それぞれの生き方』（高橋実（監修），一橋出版，1998年）
聴覚障害	『ママ，えがおがきこえるよ！――ママとわかりあうために』（菊池樹理，小学館スクウェア，2002年）
ダウン症	『21番目のやさしさに――ダウン症のわたしから』（岩元綾，かもがわ出版，2008年）
重症心身障害（医療的ケア児）	『「医療的ケア」の必要な子どもたち――第二の人生を歩む元 NHK アナウンサーの奮闘記（シリーズ・福祉と医療の現場から７）』（内多勝康，ミネルヴァ書房，2018年）
自閉症	『自閉症の僕が跳びはねる理由』（東田直樹，KADOKAWA，2016年）
ADHD	『漫画家ママのうちの子は ADHD』（田中康雄（監修），かなしろにゃんこ。，講談社，2009年）
LD（読み書き障害）	『怠けてなんかない！――ディスレクシア～読む・書く・記憶するのが困難な LD の子どもたち』（品川裕香，岩崎書店，2003年）

出所：筆者作成。

2　障害のある子どもの気持ちを体験する

次に，障害のある子どもの気持ちを体験してみましょう。いくつか障害のある子どもの気持ちを疑似体験する課題を示したいと思います。何人かで子ども役とおとな役を決めて取り組んでみましょう。

1　子どもの見え方

そもそも障害の有無にかかわらず，子どもは世界をどのように見ているのでしょうか。それを体験できるものとして，子どもの視野を体験するチャイルドビジョンというメガネが開発されています（図5－1）。これは，おとなと子どもの視野の違いを考慮して作成されたもので，子どもが生活の中でどの程度の周囲の環境が視野に入っているのか，おとなとの違いがわかると思います。

では，子ども役とおとな役に分かれて，子どもの見え方を体験してみましょ

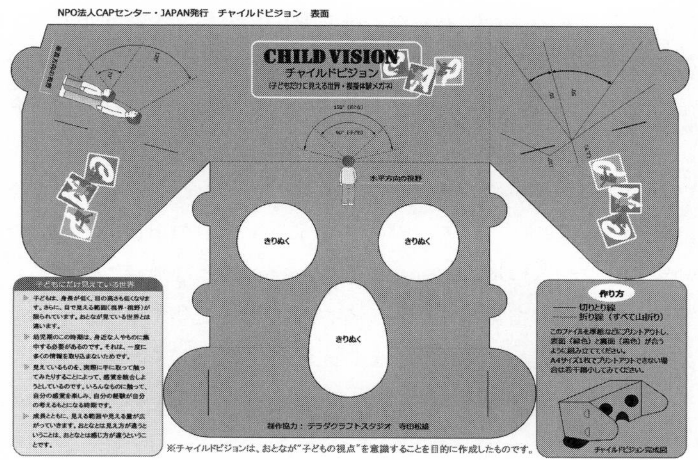

図5－1　チャイルドビジョン（幼児視界体験メガネ）

出所：NPO法人CAPセンター・JAPAN「チャイルドビジョン」（http://cap-j.net/wp/wp-content/uploads/2015/03/dl_childvision2014.pdf）。

う。チャイルドビジョンを組み立てて，子ども役の人が手に持ち，膝立ちになります。そして，部屋の中を見回したり，ゆっくりと歩いたりしてみましょう。おとな役の人は，子ども役の人の様子を見ながら，横から飛び出してみたり，前から早歩きで近づいてみたりしてください。

体験を終えたら，いくつかのグループに分かれてグループワークをしましょう。子ども役の人の感じ方や生活で困難になると思うことを話し合い，その意見からおとなが子どもとかかわる時に気を付けておくことを考えます。

【グループワーク】

- 子ども役の人が何を感じたか，生活上困難だと思うことを話し合いましょう。
- 子どもに対して，おとながかかわる時に気を付けることを考えてみましょう。

見え方は，その人の感覚であるため理解しにくい部分があります。しかし，子どもの発達段階による視野の違い，また視覚障害のために視力が十分でなかったり，視野が狭かったりする状態や色の識別が困難であったり明るさの区別が苦手だったりすることもあります。

そのため，周囲の環境につまずいたり，ぶつかったりしやすいことや，視覚からの情報を受け取りにくいことがあります。生活上の困難さでいうと，モノや人で雑然としている環境に不安を感じたり，実際には理解できていないけれど他の子どもに合わせて見えているように振る舞ったりする場合があります。

おとなの視点で考えるとあたりまえに思えることが，子どもの視点に立つとそうでないことがわかります。

2　身体の動き

まず，子ども役とおとな役に分かれます。子ども役の人は，膝立ちになって背中の後ろに手を組みます。そして，課題中は一言も話してはいけません。おとな役の人は，少し距離のあるところに何かモノを置いて，子ども役の人になるべく短時間のうちにおでこで触れてもらうという課題を出します。

課題が始まったら，おとな役の人は子ども役の人が課題をクリアできるように何をしたらよいかと考えて支援してください。ただし，子ども役の人を助ける際，置いたモノに触れたり，子ども役の人の体を持ち上げたりしてはいけません。

【グループワーク】

- おとな役の人がどのような支援をしたのか，全て挙げてみましょう。
- その支援について，子ども役の人が何を感じたのかを伝え，子どもを尊重する支援とは何かについて考えてみましょう。

肢体不自由（第４章第１節参照）の子どもは，身体を自分の意志で動かすのが苦手です。そのため，やりたい気持ちに身体が付いていかず，満たされないまま生活していることがあります。また，知的障害を合併している場合は，その気持ちをうまく表現できないこともあります。

一方で，全てを支援することがよいとも限りません。自分でやりきることで達成感を得ることも大切です。保育の中では，その子どもの気持ちとペースにゆったりと寄り添いながら，子どもが充実感を得られるような支援を考えることが大切です。

3　視覚の制限

> 3人一組で行います。2人が子ども役で，1人がおとな役です。子ども役の2人が腕相撲をします。ただし，手を合わせる前に目隠しをして，それぞれがその場で3回転してから始めてください。おとな役の人は，2人が腕相撲できるように，2人の体には触れずに言葉だけで導きます。

【グループワーク】

- 子ども役の人は，何を手掛かりに動いたのか，全て挙げてみましょう。
- うまく導けたグループとそうでないグループを比べて，おとな役の人がどのような言葉掛けをしたのか，話し合ってみましょう。

視覚障害（第4章第2節①参照）の子どもは，視覚から得られる情報に制限があります。人は，様々な感覚を活用して生活をしていますが，特に視覚は最も活用される感覚といえます。

そのため，視覚情報が失われることによって，普段使用している言葉が通じにくいことがあります。また視覚情報が制限されて生活する中で，その子どもの経験によってイメージできる言葉とそうでない言葉があります。子どもの障害や生活経験を理解した上で，丁寧な言葉掛けを意識しましょう。

4　言葉の理解

今から，次のことをやってください。
まず，左手の親指と人差し指で，左の耳たぶをつまみます。次に，右手の平で盆の窪を触りましょう。
（少し間を置く）
では，左手を離して，右足の半月板をさすってください。次に，右手の薬指で，まなじりをギュッと押します。
（少し間を置く）
最後に，両手で，貝殻骨を触りましょう。

【グループワーク】

- どういう状態にあるか，みんなで見合いましょう。
- なぜ，そういう状態になったのか理由を説明しましょう。
- 難しい言葉が体のどの部分を指しているのか，答え合わせをしましょう。

言語障害（第４章第２節②参照）の子どもや知的障害（第４章第２節④参照）の子どもは，言葉の理解が難しい場合があります。そのため，保育者の話の中に，理解できない言葉が含まれると活動に参加しづらくなることがあります。

たとえば，その言葉の意味を必死で考えて動作が止まったり，理解できていないけれど，他の子どもの動きに合わせたり，保育者から「わかった？」と聞かれて，わかっていないけれどうなずいてみたりするなど，様々な状態が考えられます。子どもの理解に合わせて，一つ一つを確認しながら，進める意識をもつことが大切です。

5　視覚情報の活用

子ども役の人が，折り紙を一枚持ちます。おとな役の人は，簡単な折り紙（馴染みのあるものは避ける）の折り方の説明文を持ちます。おとな役の人は，文章だけを読んで伝え，子ども役の人はおとな役の人から聞く説明のみで折り紙をします。なお，おとな役の人は，子ども役の人がどのような折り方をしても無表情のままでいることとします。

【グループワーク】

- 子ども役の人が作成した折り紙を出して，どのようなできばえになったかお互いに見合いましょう。
- どこの指示が一番難しかったか，それはなぜかを話し合いましょう。
- 絵がついた折り方の説明を見ながら作成し，答え合わせをしましょう。

ASD（第４章第３節①参照）の子どもは，言葉，表情，動作から他者の意図を理解するのが苦手です。そのため，先の見通しがわからず，活動の全体像が見えない活動の場合，気持ちを整えるのが難しくなることがあります。

保育においては，説明が大雑把である場合や，保育者は次の活動をわかっていても子どもはわかっていない場合などに注意が必要です。そういった場合には，視覚的な情報により，先の見通し（あと何回ぐらい折ったら完成するのか）や全体像（どのような形になるのか）を示しながら話を進めると，安心して活動に参加することができるでしょう。

6　複数課題の遂行

子ども役の人が，童謡「もりのくまさん」の一番を歌います。おとな役の人は，子ども役の人が歌っている間，一桁の足し算（3+8+6+……）を言い続けます。子ども役の人の歌い終わりと同時に，おとな役の人が，「答えは？」と尋ねます。

【グループワーク】

- 足し算の答え合わせをして，何が難しかったかを話し合いましょう。
- 子ども役の人は，どのような気持ちで歌を歌ったか，意見を出しましょう。

ADHD（第４章第３節②参照），LD（第４章第３節③参照），知的障害のある子どもの中には，同時に複数のことを実行するのが苦手な子ども，一つのことをゆっくりと思考する子どもがいます。

そのため，保育者の話を聞いた時には理解した様子を見せても，何度も確認をしないと活動が進められないことや，一つのことをやっている時に別の指示が入ると注意が逸れてしまうこと，また部屋の外から聞こえてくる音に関心が向いて活動に集中できないこと，などが考えられます。

このような子どもは，活動に参加していても，それを十分に楽しめず，何となく不安を感じながらその場にいるということがあります。子どもの障害や心理状態に配慮して，丁寧に活動を進めていくことが求められます。

7　複数指示の理解

おとな役が一人で，子ども役は二手に分かれて，ゲームをしてもらいます。

まずは，チームのメンバー一人一人に数字を割り当てましょう（人数分）。

おとな役が口頭で下の文章を読み上げてルールを説明しますが，片方のチームには，ルールを箇条書きにしてある紙を渡し，もう一方には何も渡さずに説明します。

「今から全員で総当たり戦のジャンケンをして，チームで勝者を決めてもらいます。ただし，通常のジャンケンとは少し違うルールを課します。最初のルールとして，割り当てた数字の人で奇数同士と偶数同士が対戦する場合，通常のジャンケンと勝敗が逆になります。2つ目のルールとして，あいこが3回続いた場合，両者とも負けとします。ただし，割り当てた数字で3の倍数の人がそうなった場合は救済措置として，負けは取り消されノーカウントになります。3つ目のルールとして，最初に3勝に到達した人は，その時点で1勝もしていない全員と特別対戦をします。勝利していない人は，その対戦に勝つと1勝奪うことができます。最初に3勝に到達した人は勝っても勝利数は増えません。最後のルールとして，総当たり戦で行う5の倍数の対戦回は，通常の勝敗とは逆になります。この際，最初のルールと重なってしまった場合は，両方のルールを適用します。つまり，5の倍数の対戦回で奇数同士と偶数同士が対戦する場合，最初のルールにより通常とは勝敗が逆になり，4つ目のルールでさらに逆になるため，結局通常のルール通りでジャンケンを行うことになります。それでは，始めてください」。

【グループワーク】

- 口頭で説明を聞いたグループと紙を渡されたグループの遊び方の違いを確認しましょう。
- 実際の保育の中で，保育者が同時に多くの指示を子どもに出す場面を挙げて，指示を受けとめづらい子どもの気持ちを話し合いましょう。

発達障害の子どもは，ワーキングメモリ（短い時間に心の中で情報を保持し，同時に処理する能力のこと）に弱さがあることが指摘されています。そのため，保育者が複数の指示を伝えても，最初の指示を聞いたらすぐに動き出したり，最後の指示を理解しようとするうちに最初の指示が何であったかを忘れてしまったりすることがあります。

そもそも発達障害に限らず，子どもは複数の指示を同時に出されても全てを理解するのは困難でしょう。言葉だけで複数の指示を出したり，途中で付け加えたりする時には丁寧に進めることを意識し，時には視覚情報を使って補完するなどの工夫をしましょう。

8　不器用な子ども

一人がおとな役で，他の人は子ども役になります。八つ切り画用紙とはさみ，のりを用意します。まず，八つ切り画用紙に，○，△，□を適当な大きさで書きます。子ども役の人が利き手ではないほうの手で，はさみを持ち，線に沿って切ります。おとな役がタイマーを用意し，時間を1分に設定し，始めます。1分がきてタイマーが鳴ったら，「切り終えてない人，がんばってやろうね」と声を掛けて，できていない人がいても，次の課題を指示します。「切った人は，その○，△，□を利き手じゃないほうの手だけを使って貼り合わせてください。上から，△，○，□になるようにしてください」と指示し，再びタイマーを1分に設定して，課題に取り組んでもらいます。

【グループワーク】

- 課題をクリアできた人，できなかった人，そしてできばえを確認しましょう。

- 子ども役の人は，課題に取り組んでいる時にどのような気持ちだったか，おとな役の人の言葉に何を感じたかを話し合いましょう。

運動機能に障害のある子どもの中には，両手，手と目，手と足などを同時に使う協調運動が苦手な発達性協調運動障害の子どもがいます。こういった子どもには，全身を使った動きが苦手な場合と手先を使った細かい動作が苦手な場合があり，後者では服を着ることやはさみなどの道具を使うことなど，保育の中で困難さを感じることがたくさん出てきます。そのため，うまくいかなかったり，できばえがよくなかったりすると自信がもてなくなることがあります。

保育者は，過度に急かしたり，他の子どもと比べたりすることなく，その子どものペースを大切にして自信がもてるようにかかわりましょう。

3　生活上の困難を支える視点

これまで疑似体験から障害に伴う生活上の困難を感じてきました。このように，障害特性に配慮しつつも，一人一人の生活上の困難を理解した上で，様々な配慮を考えて実践するという視点は，2018年の幼稚園教育要領解説でも意識されています。たとえば，「一方，障害の種類や程度によって一律に指導内容や指導方法が決まるわけではない[*1]」と記述されており，障害特性は配慮しつつも大切なのは，「その子」に応じた支援であることが強調されています。その上で，「自分の身体各部位を意識して動かすことが難しい場合，様々な遊びに安心して取り組むことができるよう，当該幼児が容易に取り組める遊具を活用した遊びで，より基本的な動きから徐々に複雑な動きを体験できるよう活動内容を用意し，成功体験が積み重ねられるようにするなどの配慮をする」といったように，障害の診断の有無にかかわらず，生活上の困難を感じている子どもへの支援というように対象を広げています。

＊1　幼稚園教育要領解説，p. 118。

このように，障害に関する知識を学ぶのが大切なのはもちろんですが，同じ障害の診断を受けた子どもに同じ支援をすればよいわけではありません。疑似体験をしてわかるのは，同じ疑似体験をした人たちでも一人一人感覚が違ったり，困難に感じることが違ったりすることです。同様に障害のある子どもについても似たような特性があったとしても，一人一人の感じ方には違いがあります。障害名から支援を連想するのではなく，一人一人の感じ方を理解することから支援を発想する支援をもちましょう。

まとめ

障害のある子どもの気持ちを理解するために，書籍や疑似体験を通じて，その子どもの立場になることを考えてきました。障害のある子どもがその特性によってどのような困難を感じるのかを想像することが大切です。さらに，障害特性だけにとらわれた一律の支援ではなく，一人一人の生活上の困難を理解する視点から支援を考えていきましょう。

さらに学びたい人のために

○日本LD学会・特別支援教育士資格認定協会「LD・ADHD等の心理的疑似体験プログラム（第3版）」2016年。

障害のある人の気持ちになって支援を考えるためには，当事者が何を感じているのかを知ることが大切です。本章でも取り上げてきた疑似体験ですが，発達障害に特化したものが多く掲載されています。

第Ⅲ部　保育のなかで子どもが育つとは

第6章

人が育つ，発達するとは

● ● ● 学びのポイント ● ● ●

- 子どもの育ちの特徴を理解し，「存在」を認められて，自分らしく育つことを学ぶ。
- 保育者が子どもに向ける信頼のまなざしが，子どもの育ちを促すことを学ぶ。
- 子どもたちが，共に育ちあうことの関係性を理解し，その場を作るために保育者が配慮すべきことを学ぶ。

WORK　子どもの学びを信頼するかかわりを考える

1．個人で考える（3分）

写真を見てください。4歳の男児が作った泥団子をすべり台で転がそうとしています。あなたは，子どもにどのような声を掛けますか？

2．グループに分かれ，それぞれ考えた声掛けとその理由を話し合う（15分）

「1.」で書き込んだ内容を，グループで紹介し合い，そう考えた理由を説明しましょう。

3．グループで整理し，発表する（整理5分，発表時間1グループ5分）

「2.」で出てきた声掛けを整理し，グループごとに発表しましょう。

＊問題点モデル（泥団子が壊れちゃう，すべり台は泥団子を転がす場所ではない，など）だけでなく，子どもの学びに関心を向けるような信頼モデルの声掛けにも着目してもらうようにしましょう。

導　入

本章では，障害のある子どもの保育を進めていくにあたって，子どもの育ちや子ども同士が育ち合う関係性について学びます。まず，子どもの育ちの特徴として，一人一人の子どもがその「存在」を認められて自分らしく育つことを述べます。また，保育者が子どもに向ける共感的・ケアリング的なまなざしが，子どもの育ちを促すことや，そういったまなざしから立ち上げる保育づくりのポイントについて，事例を通して考えます。そして，子どもたちが，関係性の中で共に育ちあうことを理解し，その場やクラスづくりを進めるために保育者が配慮すべきことを学びます。これらを学ぶことで，障害のある子どもを含めた保育を進めるにあたって，基本的な子ども観や子どもの育ちを支える保育者の役割が重要であることを理解してください。

1　子どもの育ち

「育つこと」は，能力を身につけて何かができるようになることだけを指すのではありません。子どもが自分らしさを発揮し，充実した生活を送るためには，他者から「存在」を受け入れられることが必要です。障害のある子どもに関して，次の側面から子どもの存在とは何かを考えましょう。

1　価値を認められる存在として

子どもは，周囲の人たちが自分の価値を認めてくれているのかどうか，幼い頃から敏感に感じ取っています。保育所保育指針解説に記されているように，生後早い時期から，周囲の人やものをじっと眺めたり，声や音がする方に顔を向けたりするように，外界を認知し始めることが知られています[*1]。また，人とのかかわりにおいても，自分の欲求に応答的に関わる特定の大人との間に情緒

＊1　保育所保育指針解説，p. 89。

的な絆が結ばれることで，人に対する基本的信頼感を育みます。生後6か月頃には身近な大人とのやり取りを楽しむ一方で，見知らぬ相手に対しては，人見知りをするようにもなります[*2]。

このように，子どもは，周囲の大人から自分の存在の価値を認めてもらうことで育ちます。しかし，障害のある子どもに関して，大場は次のように述べています。

> 子どもは自分がそこで生きる価値を認められていると確信するところから，自分らしい行為を始めます。障害をもった子どもたちは，しばしば，自分が親の悩みのもとになっていることを存在全体で感じており，自分の存在価値について疑いをもっています[*3]。

このように，全ての子どもは，ここに生きていることをただ喜んでもらえているという受容感を覚えることで自分らしい育ちをしていきますが，障害のある子どもはそういった受容感を得られず，自分自身の存在価値に疑いをもってしまうのです。これでは，障害のある子どもたちが自分らしく育つことはできません。

子どもの価値を認めるためには，目の前にいる子どもが，「ここに在ることをただ喜ぶ」という大人の態度が求められます。子どもを一個の人間としてみるというあたりまえの価値観でかかわることで，障害のある子どもは，自分らしさを発揮することができるのです。

2　自ら育つ存在として

乳児は何も考えていない受け身の存在である。以前はそのように信じられていましたが，1970年代以降，乳児は生まれつきとても有能な存在であることが確認されるようになってきました。

＊2　保育所保育指針解説，pp. 101-102。
＊3　大場幸夫・柴崎正行（編）『障害児保育（新・保育講座）』ミネルヴァ書房，2001年，p. 4。

古くから，「赤ちゃんは白紙の状態で生まれてきて，そこに様々なことを書き込んでいくのが教育である」という考え方がありました。これは今でも素朴信念として信じられているところがあります。乳児は自ら育つ存在ではなく，大人が育てるのを待っている受け身な存在として捉える見方です。

しかし，赤ちゃん研究が進展するに伴い，赤ちゃんが五感を使って周囲の環境に自ら働きかけていることがわかってきました。発達心理学者のアリソン・ゴプニックは，赤ちゃんは「ものごとの因果関係がよくわかっている」，「人の性格を読み取っている」ことを指摘しています[*4]。また，赤ちゃんにはそれぞれ生まれ持った気質があることも知られています。首が据わり，寝返りに挑戦し，姿勢を保持するような姿でも，一人一人の個性が見えます。

同様に障害のある子どもも一人一人の気質があって，それぞれに育ちの個性があります。障害のある子どもの育ちについて，「他の子どもと比べると発達が遅い」，「月齢や年齢の発達の目安で見ると遅れている」と感じることもあると思います。しかし，これは「能力を身につけた結果」を比べているだけであって，育ちのプロセスの違いを読み解いたものではありません。

そもそも標準的な発達モデルは，個々人のデータを平均値化して作られます。川田は，縦断研究の方法として，5人の子どもに図6-1の左のような多様な時間的変化があったとして，その平均値を出し，時点間のデータをつないで右のようなグラフを作ることを指摘しました[*5]。同様に，横断研究では，個々人の時間的な変化を捉えず，図6-2のようにある時点での年齢ごとの子どものデータをそれぞれ平均化してグラフにします。

こういった方法は一定の妥当性はあるものの，元々の一人一人の発達データを丁寧に見てみると，標準的な発達モデルに綺麗に沿って発達する子どもはかなり少ないといえます。実際の子どもたちの発達は多様であって，こういったモデルのように順当に進むものではなく，行きつ戻りつしながら進むものだと考えられるでしょう。

したがって，障害のある子どもが，発達の目安に当てはまらないからといっ

＊4　アリソン・ゴプニック，青木玲（訳）『哲学する赤ちゃん』亜紀書房，2010年。
＊5　川田学「発達心理学的自由論（1）　発達理解の発達のために」『現代と保育』(81)，2011年。

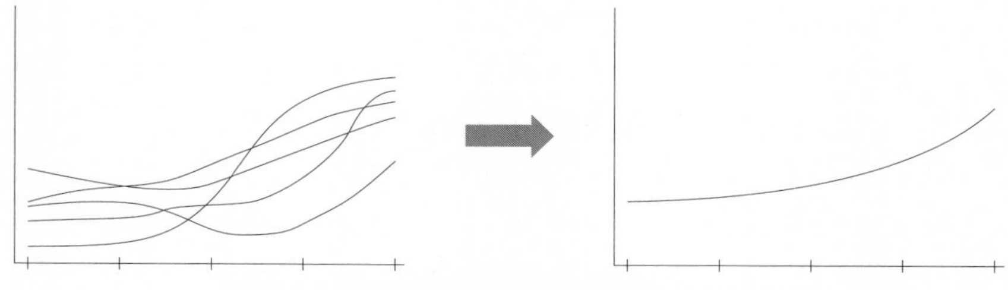

図６－１　多様な軌跡を「標準的な発達」にする

出所：川田学「発達心理学的自由論（１）　発達理解の発達のために」『現代と保育』(81), 2011年をもとに作成。

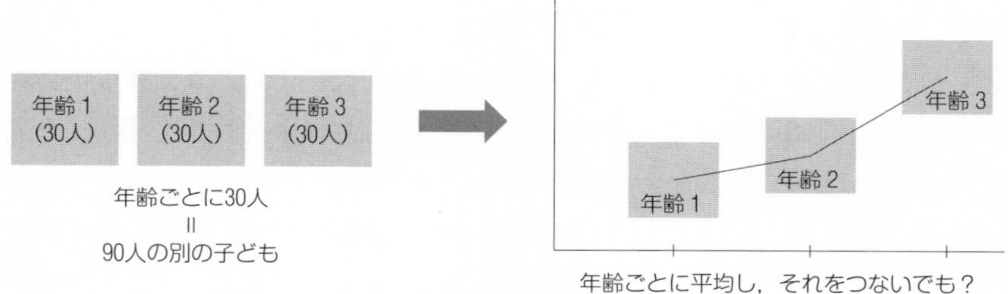

図６－２　90人の子どもの１時点のデータをつないで「標準的な発達」にする

出所：川田学「発達心理学的自由論（１）　発達理解の発達のために」『現代と保育』(81), 2011年をもとに作成。

て，自ら育つ力がないと決めつけてしまうのは早計です。「標準的な発達」というフィルターを外してみると，子ども一人一人の育ちの個性が見えてきます。どんな子どもも自ら学び，育つ存在なのです。

3　応答する存在として

「話せないということは，自分の気持ちを伝えられないことなのです。孤独で夢も希望もなく，ただ与えられた毎日を人形のように過ごすことなのです」。これは，自閉症スペクトラム障害のある東田直樹さんの言葉です。

このように，誰かに自分の気持ちを伝え，誰かと応答する時間をもつことは，自分の存在を認めてもらうことと同義であるといえます。ここでいう応答とは，言葉でのやりとりに限りません。応答は言葉にとどまらずに豊かに行われるものです。

エピソード1　声にならない声を聴く[*6]

【場面1】

蒸し暑い陽気の中で，3，4，5歳児の十数名が一緒に砂場で遊んでいる。たくさんの道具に加えて，水を好きなだけ投入してダイナミックに遊び，楽しそうにあちらこちらで子どもたちの歓声があがっている。

そんな中，道具を置いたカゴの前で，砂場を背にして「じょうご」を持って黙って佇んでいる3歳児クラスの男の子がいる。まったく動かないまま，じーっとしているが，頭はフル回転しているような表情をしている。別のクラスの保育者が，「○○くん，水いれよっか」と言っても，一言も発しない。目線をやるだけで，全く動く気配がない。選択性緘黙のような印象を受ける。

【場面2】

その男児が持っているじょうごと異なる大きさのものを二つ持って近づいてみる。こちらをチラッと見るが，すぐに目を伏せる。少し間をおいた後，黙って一つのじょうごを差し出してみると，男児も黙って手に取り，元々持っていたじょうごと手元で重ね合わせようとする。遊ぶ意思は持っているのだとわかる。

男児がひとしきり試したところで，もう一つのじょうごも差し出してみる。すると，今度は3つのじょうごを重ね合わせてから，穴を覗いて何かを確認するような仕草をみせる。

【場面3】

そこからようやく体勢が砂場のほうを向く。今度は5歳児の子どもたちがしている遊びをじーっとしばらく眺めている。

砂場遊びが終わる間近になったところで，ようやく移動を開始する。担

＊6　松井剛太『特別な配慮を必要とする子どもが輝くクラス運営――教える保育からともに学ぶ保育へ』中央法規出版，2018年，pp. 67-68。

任の保育者の傍に行く。まだ経験年数の浅い若い保育者だが，落ち着いた雰囲気で対応する。声を発することなく，柔らかなまなざしで自然と受け入れるような姿勢である。すると，男児が砂場に一歩踏み出し，保育者に手を伸ばす。保育者はそのタイミングに合わせて，男児一人が入れるスペースを空ける。男児はそのスペースに収まり，ゆっくりと砂遊びを始める。言葉のやりとりは一切ない。しかし，そこには豊かなコミュニケーションがある。

言葉の教育が大切であることはいうまでもありません。しかし，言葉が出ないことはイコール応答ができないということにはなりません。多くの大人は，「言葉にできない思いがある」ことを自ら経験していると思います。応答は，子どもに思いがあることを理解し，その思いに応えようとする保育者の態度から生まれます。

どのような子どもも思いをもって生きています。その子どもの姿を応答する存在として受けとめることで，保育者は「応答したい相手」として子どもから認めてもらえるのです。

2　子どもに向けるまなざし

1　子どもの学びを「信頼」する

エピソード2　魅力的な遊び方をする子どもの存在

年中児クラスの二十数名。生活の素材や自然物を使用して，思い思いの楽器を作る活動に取り組んでいる。紙コップ，紙皿，ペットボトルの蓋，ストロー，割り箸，花の種などの素材にセロハンテープやマジックも用意してある。制作意欲に溢れている子どもたちは，素材を見ながらどんな音が出るか，どんな楽器を作るかを考え，没頭して取り組んでいる様子がある。2つの紙コップを貼り合わせて，中に材料を入れたマラカスや2つの紙皿を使ったシンバルなど，様々な楽器を作っている。

そんな中，一人の男児（A児）が2メートルほどに切ったミラーテープを持って，辺りを走り始めた。「ヤマタノオロチ」や「竜」などと言いながら，誰もいない空いたスペースのところを走って遊んでいる。ひとしきり走り終えると，素材置き場からストローを数本持ってきて，短く切りはじめる。そうしてできたたくさんの小さなストローをセロハンテープでミラーテープに貼り付けて，再び空いたスペースで走りはじめる。そのストローは何なのかを聞いてみると，「ブツブツ」と答えてくれる。どうやら，竜の皮膚をストローで再現したらしい。その後もミラーテープを持って走りながら，何かに成りきったように遊ぶ姿がある。みんなと同じように椅子に座って楽器を作る感じはない。

【問い1】

このような姿のA児にどのようにかかわりますか？

【問い2】

問い1のかかわりは，A児のどういった学びを支えるものでしょうか？

2　子どもの学びを信頼するかかわりとは

エピソード3　エピソード2の続き

保育者は，A児と同じようにミラーテープを用意して近くを走ってみました。その様子をA児は興味をもって眺めています。次に，保育者はA児と同じようにストローを自分のミラーテープに付け始めます。そして，A児がその様子を見に寄ってきたところで，ペットボトルの蓋を2つ持って，「これを付けてみたら，竜の鳴き声が出るんじゃないかと思うんよ」と言って，同じくミラーテープに付けました。

保育者がミラーテープを持って走ると，ペットボトルの蓋がぶつかり合って，小さくカチカチと鳴ります。それを見たA児は，保育者からミラーテープを取り上げ，走りました。そこで，保育者は「カチカチ鳴るね」と

A児に言葉を掛けます。そして，保育者はA児に「何を付けたら別の音が鳴るか」を尋ねてみました。A児が考えている様子がわかります。保育者も一緒に考えます。そのうちに，A児が他の子どもが作っていたマラカスを付けてみたいと言いました。保育者は，A児と一緒に作って，そのマラカスをミラーテープの端に付けてみました。A児がそれを持って走ってみると，ガラガラと音がなります。すると今度は，A児が自らトイレットペーパーの芯を出してきてミラーテープに付けています。

この保育者は，A児に対して一度も「どんな楽器が作りたいの？」とも「座って作ろう」とも言いませんでした。「どんな楽器が作りたいの？」という言葉掛けは，「何でもいいから楽器を作ってほしい」という保育者の願いに基づいています。同様に，「座って作ろう」という言葉かけは，「みんなと同じように座って作ってほしい」という保育者の願いが現れる言葉です。これらはいずれの保育者が子どもに対して，「こうあってほしい」という願いがあるだけで，「A児は今何を学んでいるのか」という視点はありません。

このエピソードの保育者は，まずA児が何を感じているのかを確認するため，同じような行動を取ってみました。すると，ミラーテープが風に舞ってキラキラと輝きます。A児はそのキラキラを竜に見立てるという表現をしていることに気付きます。

ただ，それだけではA児の学びと楽器という全体の活動がつながりません。そこで，保育者はA児に音にも気付いてほしいと思いました。A児が今している行動の中で音が出るようになれば，それは立派な楽器になると考え，「鳴き声」というワードとともにペットボトルの蓋という別の素材を付けてみます。すると，A児はカチカチと音が鳴ったことに気付き，保育者から取り上げて遊び始めました。A児が，素材を付けると音が出ることに気付いた瞬間です。その学びを経験すれば，大人のかかわりはそこまで必要ありません。A児が自ら音が鳴る素材を考えて作り上げることで，ミラーテープを持って走りながら音を奏でる楽器の誕生です。

さて，このエピソードですが，最後のオチがあります。活動の最後は，保育者が音楽を流し，それに合わせて各々が作った楽器を鳴らして演奏するというものでした。保育者は，A児は周りを走って「竜の鳴き声」で参加してくれたらいいと考えていました。ところが，いざ音楽が鳴りはじめるとA児は走るのをピタっと止めて，みんなと一緒に並び，真面目な顔をして，ミラーテープの端に付けていたマラカスを手に持って振り始めたのです。その姿を見て，思わず保育者は笑ってしまうのでした。

3　共感的・ケアリング的なまなざし

先のエピソード２，エピソード３で保育者は，A児の行動を全体の場にそぐわないと見るのではなく，A児はきっと願いをもって何かを学ぼうとしていると信頼していました。そして，保育者のまなざしが子どもたちの学びを豊かにする光景がみられます。このように，子どもたちは周囲の大人たちのまなざしを感じながら，日々を過ごし，環境から何かを学ぼうとしていくのです。

中村は，保育者のまなざしについて，「こういうところがデキているとか，こういうところがいいとか，教師が子どもの能力や態度を計測する見方」と「目の前の子ども自身がいま何を願い，何にもがき，何を越えようとしているのか，と教師が関心を向けつづけようとする見方」の２つの様式を提示しています[*7]。そして，前者を一方的・評価的なまなざし，後者を共感的・ケアリング的まなざしとしています。

子どもの姿を全体の規範（先の事例でいえば，「みんなと一緒に座って活動に参加する」）に照らして，能力があるかないかで判断するのが，一方的・評価的なまなざしといえます。そういったまなざしを受ける子どもは，自分の思いよりも，保育者の思いに応えることを優先して生活するようになります。一方，子どもの姿を子ども自身の思いに照らして，関心を向けるのが共感的・ケアリング的まなざしです。子どもが自分の存在を認めてもらい，自分らしい育ちの個性を発揮できるようになるためには，こういったまなざしが不可欠です。

＊7　中村麻由子『〈まなざし〉の教育学』溪水社，2018年，pp. 3-4。

表6－1　問題点モデルと信頼モデル

問題点モデル	信頼モデル
子どもが示す問題点，子どものできない，身についていない部分に焦点を当てることから，計画を立ち上げ，記録し，評価していくモデル	子どもを能動的な学び手であると捉え，子どもの保育への意欲的な参加の姿を積極的に捉えていくことから，計画を立ち上げ，記録し，評価していくモデル

出所：筆者作成。

4　信頼モデルから立ち上げる保育

保育の計画をどのように立ち上げるのか，この問題は保育者の子どもに対するまなざしと大きく関係しています。子どもの行動に対して，その問題点を探し，それを改善するための保育計画を立ち上げて記録・評価するモデルは問題点モデルといわれます。それに対して，子どもの行動を学びの姿と捉えて，そこから保育計画を立ち上げて記録・評価していくモデルを信頼モデルと呼びます（表6－1）。

障害のある子どもに対して，個別の指導計画を立てて対応することが一般的になりました。しかし，個別のニーズを把握して立ち上げる個別の指導計画は，往々にして，発達的な問題点を抜き出し，それを改善するための計画になりがちです。

子どもらしい育ちを保障することは，子どもの問題を平準化するための保育にはありません。信頼モデルに基づき，子ども一人一人の育ちから計画を立ち上げていくことで，障害のある子どももない子どももクラスのみんなが自分らしく育っていくのです。

3　育ちにかかわる「場」づくり

1　インクルーシブ教育の推進

障害児保育は，障害のある子どものみが育つ保育ではありません。障害のある子どももない子どもも共に育つ関係性を作ることが大切です。このように共に生きていく中でお互いに育ち合う関係性を作ることを目指し，インクルーシブ教育が進められています。

2012年７月，文部科学省中央教育審議会によって，「共生社会の形成に向けたインクルーシブ教育システムの構築のための特別支援教育の推進（報告）」が出されました。具体的な方針として，次の文言が示されています。

> 基本的な方向性としては，障害のある子どもと障害のない子どもが，できるだけ同じ場で共に学ぶことを目指すべきである。その場合には，それぞれの子どもが，授業内容が分かり学習活動に参加している実感・達成感を持ちながら，充実した時間を過ごしつつ，生きる力を身に付けていけるかどうか，これが最も本質的な視点であり，そのための環境整備が必要である。

これは，ただ障害のある子どもが障害のない子どもと同じ場にいることを指しているのではありません。最も大切なことは，それぞれの子どもが参加している実感・達成感をもちながら，充実した時間を過ごしているという点です。保育でいうならば，インクルーシブ教育の基本的な考え方は，それぞれの子どもが，保育所・幼稚園・認定こども園に行くことをうれしく感じ，友だちとの仲間意識を実感しながら，好きな遊びを十分に行うことで達成感をもてるような状態にあるということがいえるでしょう。

2　しみ込み型の学びモデル

保育者がとりたてて何かしたわけではないけど，知らない間に子どもたちが学び合って育つということがあります。渡部は，それを教え込み型の学びとしみ込み型の学びを対比させて説明しています（図６－３）[＊8]。

教え込み型の学びは，子どもの脳を容れ物に見立て，そこに情報を蓄えれば知識や技能が身についていくというモデルです。つまり，大人が教えれば教えるほど，子どもは育つということになります。

＊8　佐伯胖（監修），渡部信一（編）『「学び」の認知科学事典』大修館書店，2010年，pp. 541-556。

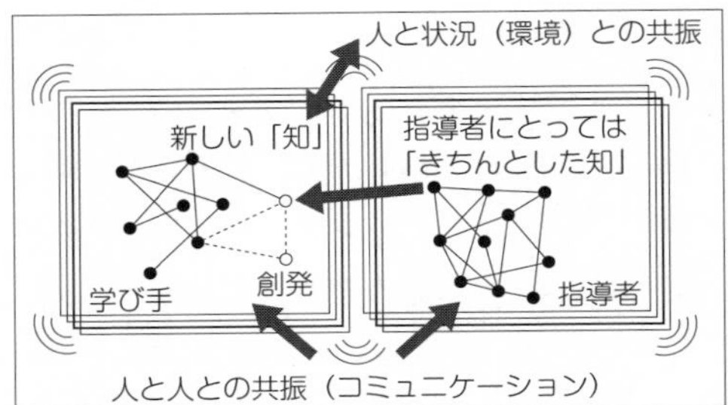

図６－３　教え込み型の学びとしみ込み型の学びの図

出所：佐伯胖（監修），渡部信一（編）『「学び」の認知科学事典』大修館書店，2010年をもとに作成。

一方，しみ込み型の学びは，情報は身体と環境や状況との相互作用によって生まれます。これは，子どもが自ら環境の中で学ぶ姿を想定しています。「障害のある子どもは，大人がきちんと教えなければ知識や技能を身につけることはできない」……。そんなことはありません。障害のある子どもも保育の環境で子どもたちとの関係性の中で自ら学んでいくのです。

しみ込み型の学びが成立する条件は，２つです。一つは，子ども自身が共同体（クラスや施設）の一員であるという実感があることです。もう一つは，子どもが「その場にいて楽しい」という気持ちをもっていることです。先ほど述べたインクルーシブ教育の基本的な考え方と合致する条件であることがわかるでしょう。

エピソード４　関心から参加へ

自閉症のＢちゃんは入園当初から，集団活動が苦手で参加しなかった。保育者は，１日のスケジュールを視覚的に示すなどの専門的な対応をしたが，効果はなく困っていた。しかし，ある日偶然クラスで「山の音楽家」を歌った時，Ｂちゃんは参加しないまでも，クラスの部屋にとどまっていた。これを見た保育者は，その後数日間同じ歌をクラス全員で歌うことにした。すると，数日後突然，Ｂちゃんはみんなと一緒に椅子に座り，みんながしている様子を見ながら手遊びをするようになった。この日を境に，Ｂちゃんは他の集団活動にも参加するようになり，みるみるうちに育ちの様子が変わった。

当初，Bちゃんは「山の音楽家」という音楽が流れる場所に「楽しさ」を感じたのではないかと思います。つまり，「その場にいて楽しい」という気持ちです。そして，その場を眺めているうち，楽しそうにしているクラスの友だちに気づきます。そして，その「楽しい集団」に自分もいることの実感をもって集団活動へ参加するようになった結果，他の子どもたちがしている行動を模倣していったことが考えられます。

これをきっかけにBちゃんと友だちとのコミュニケーションの回数は飛躍的に増大し，互いに学び合う様子がみられるようになりました。このように，ちょっとしたことをきっかけに子どもたちが学び合う関係性を築くことがあるのです。

3　遊びが子どもたちを育てる

学び合う関係性を築く中で，「遊び」が重要な要素になります。かつて陸上選手として活躍した為末大さんは，みんなで遊ぶ時に次のようなことを考えていたと述べています[*9]。

> 新しいルールを考え出して遊ぶのも好きでした。
> (…中略…)
> 近所の子どもたちと遊ぶときにも，僕が考え出したルールで遊びました。ドッジボールをしているときに，途中から2個ボールを使ったり，陣地の面積を狭くしてみたり。毎回，ルールを変更して，どういうふうにしたらみんなが面白いと思うだろうと，常に考えていました。
> (…中略…)

＊9　為末大「工夫とアイデアであそびも人生も面白く」『あそびのもり ONLINE』45（Summer），2016年。

大人になると，寄り道をしたり，余計なことを考えたりするのは無駄なことだと思われたりしますよね。でも，実は一見無駄なことのように思われるなかに驚くような発見があったり，頭のなかで遊んでいるなかからいいアイデアが生まれたりするものじゃないですか。

子どもたちに，そういう「あそびの余白」を残してあげたいんですね。

（下線筆者）

このように，遊びには障害の有無や発達差にかかわりなく，みんなが楽しめるように工夫する余地があります。そういった工夫がなされれば，しみ込み型の学びが成立する条件を満たすことができますし，子どもたちが関係性の中で育つ「場」づくりが可能になります。

たとえば，古くから楽しまれてきた「だるまさんがころんだ」には，一人一人の参加が促されるような次の要素が含みこまれています。

① 一人がミスしても終わらない。動きを止められなくても，仲間が鬼に到達すれば解放される。仲間が鬼に到達しないことはほぼない。年齢の低い子は少々動いても大目に見てもらえることもある。

② ポーズを楽しむことができる。動きを止める時のポーズは自由に決められる。鬼や仲間のウケを狙うこともできるし，ポーズを取らなくてもよい。偶然，面白いポーズになる場合もある。

③ 進むスピードを自由に決められる。一番に鬼に到達する必要はない。自分なりの距離感を保って楽しむことができる。遅かろうが早かろうが誰も文句は言われない。

④ 鬼は，みんなが進むリズムを操作できる。「だるまさんがころんだ」のリズムを集団の動きを見ながら自由に変えることができる。誰がどのぐらい動くのか予測を立てて，自分の思い通りに集団が動くことも楽しめる。

⑤ 鬼は，指定するポーズを変えられる。「だるまさんが」の後の「ころんだ」の部分で別のポーズを指定してもよい。「しゃがんだ」などの単純な変化でも面白い。また，「歯を磨いた」など動きがあるもののパターンもある。その場合は，動いても OK のルールに変わる。発想が続く限り楽しめる。

⑤のようなルールの変更は，自分たちが楽しければいくらでも発想を膨らませる余地があります。どのような遊びが子どもたちをつなぎ，育ち合いを導くことができるのか，どのような工夫をすれば，目の前の子どもたちが育ち合う遊びができるのか，保育者も遊び心をもって発想を豊かにすることが必要です。

本章では，障害のある子どもの保育を考える上で，子どもの育ちの本質的な側面を述べました。子どもたちの姿にどのようなまなざしを向けるのか。子どもたちの学びをどのように読み取るのか。子どもたちが育ち合う関係性をどのように整えるのか。本章で学んだことを子どもたちの育ちにつなげるべく，遊び心をもって実践に変えてください。

まとめ

障害のある子どもを含めた保育を進める際には，子どもの育ちの本質を理解し，まずは子どもの存在を「その子らしさの発揮」という観点から認めましょう。他の子どもや標準的な発達との比較によって，子どもの育ちを見つめるのではなく，子どもが何に気付き，何を感じているのかを読み解くまなざしを向けて，育ちを支えることを大切にしましょう。また，障害のある子どもだけでなく，クラスの子どもたちのみんなが育ち合うような関係性を意識しましょう。そのための場づくりとして，しみ込み型の学びが成立する条件を整え，みんなが楽しみながら参加できる遊びの工夫を考えましょう。

さらに学びたい人のために

○松井剛太『特別な配慮を必要とする子どもが輝くクラス運営――教える保育からともに学ぶ保育へ』中央法規出版，2018年。

様々な子どもたちのいる保育現場での事例をもとに，一人一人の子どもの違いを学びに変えるためのクラス運営のポイントを紹介しています。子どもたちが自ら学び合うための集団づくりを考えられる書籍です。

第7章

保育の中でのかかわりと育ち

●●● 学びのポイント ●●●

- 子どもが自分の外に目を向けようとしている姿を，保育者が積極的に捉えることについて理解する。
- 子ども独自の興味・関心のもち方を大切にすることについて理解する。
- 子どもと仲間，物がつながるきっかけを作ることについて理解する。

WORK 障害のある子どもの保育環境への参加の姿について考えてみよう

次の事例を読んで，以下の課題をやってみましょう。

「穏やかだったノゾミちゃんの変化」

ノゾミちゃん（仮名）は，知的障害と自閉スペクトラム症の診断を受けている女の子です。園には4歳児クラスから入園してきました。身体が小さく，他の支援の必要な子どもたちに比べると，自己主張も控えめで，どちらかというとクラスでは目立たない存在でした。行動面では，朝の会，設定保育，給食など，集団で活動する場面で，保育室から出て行ってしまうことがよくありました。クラスの副担任のサヤ先生は，ノゾミちゃんが席を離れてお部屋から出て行こうとすると，その都度「お部屋にいようね」「まだ座っていないといけないよ」など声掛けをして，ノゾミちゃんの手を引いたり，時には抱っこをして，席に戻していました。ノゾミちゃん自身は，サヤ先生に戻されても，嫌がる素振りを見せることはありませんでした。

ところが，入園して半年が過ぎた頃から，保育室から出て行くノゾミちゃんを，サヤ先生が手を引いたり，抱っこをして，保育室に戻そうとすると，「キーッ」と声を出して嫌がったり，泣き出す姿が見られるようになってきました。サヤ先生は，入園当初は穏やかだったノゾミちゃんが，どうしてそんな姿を見せるようになったのか，戸惑いを感じました。

1．グループに分かれて，以下の2点について話し合ってみる（25分）

その1：なぜ，ノゾミちゃんにそのような変化が生じたのでしょうか。

その2：その1で話し合ったことを踏まえて，ノゾミちゃんにどのようなかかわりを行うことが保育者には必要でしょうか。

2．その1，その2でまとめたことをグループごとに発表してみる（1グループ5分）

導　入

一つのことに夢中で取り組んでいる子ども，他の子の遊びを見ているだけの子ども，笑顔で仲間とおしゃべりしている子ども，声をあげて泣いている子ども……保育の場で見せる子どもの姿は本当に様々です。そんな多様な子どもたち一人一人の気持ちに寄り添い，時には新しい仲間関係，体験へといざない，育ちを支えていくことが保育者に求められる専門性です。本章では，障害のある子どもたちを，保育における多様な仲間関係，体験へとつなげていき，一人一人のかけがえのない育ちを支えていくための，かかわりの大切な視点について学びます。子ども一人一人の気持ちに寄り添うという保育の基本は変わらないことを押さえつつ，障害のある子どもの個性も丸ごと捉えて，育ちを支えていくための方法について，一緒に考えていきましょう。

1　保育者に求められる「丁寧な」かかわりとは

幼稚園や保育所，認定こども園での生活を始めること。それまで，生活のほぼ全ての時間を保護者と過ごしてきた子どもにとって，それはとても大きなチャレンジです。お母さん，お父さんがそばにいない，周りは子どもも大人も知らない人ばかり，家庭とは違う園の日課……個人差はありますが，入園して間もない子どもにとって，園での生活は，期待よりも不安の方が強いのではないでしょうか。

そんな子どもに対して，保育者が行う大切な支援とは，不安を抱えた子どもの声，思いに丁寧に寄り添いつつ，楽しい遊び，夢中になれる遊びを準備したり，日課をわかりやすく伝えたり，遊びや日課を通して，心通い合える仲間との関係を作っていくことです。自分が，保育者や仲間に受け止められていること，楽しい，夢中になれる遊びがあること，居心地のいい場所があること，これらによって築かれる安心感に支えられて，初めて子どもの中に，これまで体験してこなかった新しいことに目を向ける心の余裕が生まれてきます。安心感に支えられて，新しい体験や仲間とのかかわりに一歩踏み出す，それが子ども

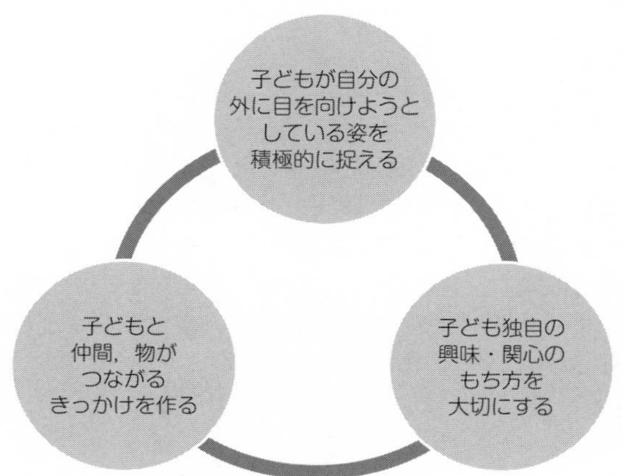

図７－１　障害のある子どもの保育で求められる「丁寧な」かかわりとは

出所：筆者作成。

にとっての大事な育ちへとつながっていきます。

障害のある子どもの場合，周りに目を向けだすまでに時間がかかったり，目を向ける幅も，定型発達の子どもと比較すると小さい場合があります。特に発達障害のある子どもの場合，障害特性としての物の見え方，聞こえ方，感じ方があり，周りへの目の向け方も個性的であったりする場合が多いようです。

子どもの声，思いを聞き取り，遊び，日課の整備を通して，子どもの安心感を作り出していく，という保育者の基本姿勢は，子どもの障害の有無にかかわらず，変わるものではありません。けれども，障害のある子どもの保育では，その基本姿勢を押さえつつも，子どもの姿に応じて，より丁寧なかかわりを行っていく必要があります。ここでいう，保育者に求められる，より「丁寧な」かかわりとは，具体的にどのようなことでしょうか。筆者は図７－１にあげた３点が重要であると考えています。

2　子どもが自分の外に目を向けようとしている姿を積極的に捉える

冒頭のWORKの事例であげたノゾミちゃんを例として考えてみます。ノゾミちゃんにとって，入園当初は，どんな大人や仲間がいるのかもよくわからない，遊びも日課も何をしたらいいのかよくわからない，混沌とした状態だったのではないでしょうか。周りのことは，まだよくわからないけれど，自分が動けば，サヤ先生が手を引いたり，抱っこをしてくれる。それは，ノゾミちゃんとサヤ先生が築いた最初の大切な関係です。けれども，ノゾミちゃんの目はサヤ先生だけに向いているわけではありません。サヤ先生に支えられながら，園での毎日の生活を通して，自分の周りのことを少しずつ把握し，ノゾミちゃんなりの興味・関心のアンテナをゆっくりと拡げていったのではないでしょうか。そして，やりたいことを見つけて，それに向かって働きかけていきたいという思いが，ノゾミちゃんの中で生じた時，その思いはサヤ先生の対応に反する声や行動となって表れたのではないかと思います。「違うところに行きたい」「違うことがしたい」「わからない」「今はやりたくない」，そんな自分の思いをサヤ先生に伝えたい，でも言葉で伝えることが難しいので，声をあげたり，泣いたり……これらの行動は，時に，周りから困った行動として捉えられてしまうこともあります。けれども，そのような行動も，実は周りのことに目を向けだし，自分の思いを人に伝えようとする力が，子どもの中でしっかりと育ってきた証なのかもしれません。

サヤ先生は，ノゾミちゃんの声や表情，身体の動きに注意を向け，ノゾミちゃんの思いに寄り添い，言葉を添えていくことを心がけました。たとえば，ノゾミちゃんが保育室の外に出て行こうとした時には，「お外行きたいよね」，言葉を掛けて少し廊下をお散歩してから教室に戻ったり，友達のしている砂遊びに目が向いている時には，「～ちゃんのプリン，美味しそうだよね，ノゾミちゃんもやってみる？」と声を掛けたり，丁寧に言葉を添えるかかわりを続けていきました。

エピソード1の保育記録には，仲間と一緒の活動を通して，自分も同じことをしてみたいという，保育者の見取りと思いを交えた，ノゾミちゃんの姿が描かれています。障害のある子どもたちが保育の中で示す，時に言葉にならない声や行動から，自分の外に目を向けだそうとしている姿勢を積極的に見出し，肯定的に捉えること。それが，保育者に求められるかかわりの丁寧さなのではないかと思います。

エピソード１　お友達と一緒に

午前中から雨が降り，お帰りの前の時間は，クラス全員で，ホールで遊びました。ノゾミちゃんは，同じクラスのアンナちゃんのそばで，ブロックを積んでいました。アンナちゃんが高く積むと，ノゾミちゃんもブロックを持ってきて同じように積んだり乗ったり。言葉には出ませんが，お友達と同じようにやってみたいという，ノゾミちゃんの気持ちが，見ていてとても伝わりました。お片付けの時間になり，周りのお友達がブロックを片付け始めると，ノゾミちゃんも，お部屋のあちこちにいって，積極的にお片付けに取り組んでいました。大きなブロックを２つも手に抱えて，一生懸命持って行こうとする姿にはたくましさも感じ，そばで見ていてとてももうれしかったです。

3　子ども独自の興味・関心のもち方を大切にする

保育の中で，子どもたちが示す興味・関心は本当に様々です。絵を描くことが好きな子，砂場遊びが好きな子，鬼ごっこが好きな子，虫探しが好きな子……。自分の好きなこと，お気に入りの活動を見つけ，それに夢中になり，没頭することを通して，子どもは，これから歩んでいく世界で伸び伸びと自分を発揮し，生きていくための基礎となる感情の土台を耕していきます。目に見える様々な行動や能力の育ちは，その基礎となる子どもの心が育っていく中で，生きた力として表れてくるのだと思います。

障害のある子どもの場合，定型発達の子どもと比較すると，興味・関心のレパートリーが少ない場合や，逆に特定の遊びに対する強いこだわりを示すことがあります。また，特定の物を並べるだけ，あるいは見ているだけ，同じ動作をずっと繰り返すなど，遊びとはちょっと言いづらい行動を示す場合もあります。そうした姿を見た時，保育者は子どもを違う遊びに導いたり，遊んでいる他の仲間のところに連れていこうとするかもしれません。

けれども，その子の年齢にしてはちょっと幼い遊び，あるいは，単なるこだわりにしか見えない行動も，その子にとっては，大切な「手応え」を得ている時間なのかもしれません。ここでいう手応えとは，「自分自身が環境の変化の原因になっている（自己原因性）」という実感があることを意味しています。自己原因性という言葉は，認知心理学者の佐伯胖氏が用いた言葉です[*1]。生活の中で「手応え」を得ることが，人がその人らしく生きていく上で大切なことだと思います。なぜなら，自分の行為の「手応え」を得ることで，人は自分の存在を確かめ，そして，ありのままの自分を受け入れていくからです。

子どもが自分で動いて，やってみて……うまくいったり，いかなかったり……周りがほめてくれたり，そうでなかったり。結果の良し悪しはともあれ，そのような手応えの得られる体験を通して，子どもは，時に「ちょっと良い」自分に気付いたり，たとえ失敗しても，もう一度チャレンジしてみたい，わからないことを調べてみたい，自分でもできることを探したいといった，生きていくことを充実したものにする上で，大切な内面が育っていくのだと思います。子どもの遊びの質を判断する価値観をちょっと脇に置いて，いま，子どもが取り組んでいることに注目し，そこからどんな手応えを得ているのだろうか考えてみる。そんな気持ちの余裕が保育者にはほしいと思います。

エピソード２　ピタゴラスイッチのテーマ

２年保育で入園してきた年中クラスのタカユキ君は，落ち着きのないところが，保育者から見て気になる男の子でした。集まりの時間に保育室を出て，廊下でパンツを脱いだり，教室のものをわざと散らかしたり。先生たちは入園当初，そんなタカユキ君の行動に頭を悩ますことが多い毎日で

＊１　佐伯胖『「わかる」ということの意味（新版）』岩波書店，1995年。

した。

　ある日，お弁当の後，机の上でカプラ[*2]をドミノのように並べて，崩すのを繰り返しているタカユキ君にミキ先生が気付きました。それを見たミキ先生は，タカユキ君のそばに座ると，ピタゴラスイッチのテーマ曲を口ずさみながら，カプラを並べ始めました。タカユキ君は，ミキ先生がカプラを並べているのを，目を輝かせて見ています。ふいにカプラの一つが倒れ，パタパタパタと並べていたカプラが全部倒れてしまいました。それを見たタカユキくんは大笑い。そんなタカユキくんを見て，ミキ先生も大笑い。そんな２人の姿を見て，他の子どもたちも集まってきて，ピタゴラスイッチ遊びはさらに続きました。

　エピソード２は，子どものちょっとした遊びに保育者が気付くことから始まり，仲間を巻き込むところにまで，かかわりが発展した事例です。佐伯胖氏は，先に挙げた著書の中で，保育者と子どもの関係について，「先生は子どもを『ともにわかろうとする』パートナーとしてながめ，子どもは先生をやはり『ともにわかろうとしている人』としてながめることが必要です」と述べています[*3]。障害のある子どもが，自分の外に目を向けはじめた時，そこに表れる子ども独自の興味・関心に対して，保育者が単純に教え込む，あるいは認めるのではなく，まずは，その子が発見したおもしろさ，楽しさを保育者も共有し，ともにわかろうとする，いわば「横並び」の姿勢が，子どもに大切な手応えを与え，ひいては子どもとの信頼関係の形成や，子どもの自己肯定感の醸成につながっていくのだと思います。子ども一人一人が手応えを感じ，そして帰る時に「今日も楽しかった！」と思える，そんなかかわりがしたいものです。

＊２　**カプラ**：フランスのKAPLA社が販売している，形，大きさ，比率が全て統一された木製のブロックのこと。

＊３　前掲書＊１。

4 子どもと仲間，物がつながるきっかけを作る

子どもが外に目を向け出す機会を，保育者が積極的に捉え，子ども独自の興味・関心を大切にして，日々子どもとのかかわりを続けていくこと。その過程を通して，子ども自身にとって，居心地のいい空間，居場所ができていきます。居場所とは，教室などの物理的な空間だけを指すものではありません。それは，大好きな仲間，頼れる保育者，好きな遊び，日課などが存在していること，つまり，子ども自身と人や物，時間との良好な関係性が，そこに存在していることを意味しています。これらの関係性に支えられることによって，子どもは安心して，遊びや日課などの活動に取り組めるようになります。安心して遊びに取り組めるようになると，子どもは自分が取り組んでいることをもっとおもしろくしてみたい，もっと違うことにチャレンジしてみたい，自分の経験している楽しさを誰かに伝えたい，という気持ちが育まれていきます。その時こそが，子どもが新しい仲間や物につながるための大きなチャンスです。

エピソード3を見てください。ケント君（写真中央の男の子）が，ハサミを使って画用紙を切ったり，ペットボトルを使って何かを作ろうとしています。保育室の中には，他の子どもたちもたくさんいるので，保育者はこの時点では，ケント君ではない子どものそばにいて，ケント君が何を作ろうとしているのかは把握していません。

エピソード3　ケントくんの工作①

ケント君は，５歳児クラスに在籍する男の子です。２年保育で入園し，４歳児クラスの時は，保育室から出ていったり，机の下に潜り込んだりなど，落ち着きのない姿が多くみられ，補助の先生が付きっきりになることが多い子でした。そんなケント君でしたが，園での生活を通して，ものづくりが好きになり，５歳児クラスになると，自由遊びの時間に，紙や廃材を使って，工作に取り組む姿が多くみられるようになりました。

この日は，画用紙とペットボトルを使って何かを黙々と作っています。

ところが，今回は思うように作れないようです。何度もやり直しているうちに，ケント君からは「もうー！」とイライラの大きな声が聞こえ始め，最後はペットボトルを床に投げてしまいました。

入園当初は，保育室にいることが難しかったケント君でしたが，ものづくりを通して，保育室が彼にとって居心地のいい場所になってきました。けれども，この日は，自分が思うように作ることができず，大きな声が出てしまいました。周りの子どもたちも，どうしたのだろう，と心配そうな様子で彼のことを見ています。こんな時，保育者はケント君に対して，どんなかかわりをしたらよいでしょうか。大きな声を出したり，物を投げたりしないで遊ぶよう声掛けしたらよいでしょうか。それとも，ケント君がもう少し試行錯誤するのを見守るのがよいでしょうか。

保育者は，ケント君の様子を見て，そばにいって，何を作りたいのか，ケント君の声を聞くことから始めました。大きな声のことや，ペットボトルを投げてしまったことは，とりあえず置いておいて，ケント君が何がしたかったのかを，丁寧に聞き取っています。ケント君は怒りながらも，先生に何を作りたいのか，自分の思いを説明していました。保育者は，ケント君の説明が一通り終わると，「わかったよ，ケント。じゃあ，こんなのを使ってみるといいかもよ」と言って，教材の棚から，新しい素材を出してきました。それを見たケント君は「ありがとう！」と言って，笑顔で工作の続きを始めました。その後も，ケント君の工作の試行錯誤は続きましたが，うまくいかなくても，大きな声を出したり，物を投げたりはせず，その都度，保育者のところに行き「ここはどうすればいいの？」と聞いていました（エピソード４）。

エピソード4　ケントくんの工作②

わからないところは先生に聞きながら，ケント君のものづくりは続いていきます。段ボールなどの大きな素材も使って，黙々と取り組んでいます。

一つの遊びに没頭する過程で，上手にできなかったり，思いとは違うことが起きたりすることはよくあることです。そんな時「うまくいかない」「困っている」，もどかしい思いを上手に言葉にして，保育者や仲間に伝えられずに，大きな声や行動で示してしまう子どももいます。

大きな声を出したり，物を投げたりすることは，集団生活を送っていく上では，望ましい行動ではありません。けれども，行動の背景には，何かを求めている子どもの切実な思いがあるのも事実です。望ましくない行動を抑止するだけではなく，行動の背景にある子どもの思いを，保育者が丁寧に聞き取ることで，何かに一生懸命取り組もう，かかわろうとしている子どもの思いを損なわない支援が構想できるのではないかと思います。

さて，この後，ケント君のものづくりはどのように発展していったのでしょうか。続きを見てみましょう。

エピソード5　ケントくんの工作③

「できたー！」ものづくりがひと段落したケント君。彼が一生懸命作っていたものは「ジューススタンド」でした。保育室の教材入れからコップを持ってきて嬉々とした表情で，開店の準備をしています。それを見た先生は「ケント，ジュース屋さん，やるみたいだよー」と，クラスの子どもたちに聞こえる声で言いました。「おー，すげー」「ジュースくださいー」

クラスの子どもたちが，ケント君のジューススタンドの前に並びはじめます。「はい，どうぞ！」「こらー！　ちゃんとならんで！」「ありがとうございましたー！」ジュースに見立てたスズランテープが入ったコップを仲間に渡しながら，ケント君はうれしそうに接客をしていました。

画用紙を切ることから始まったケント君のものづくりは，最終的に仲間とのジュース屋さんごっこにまで発展しました。そこには，ケント君自身の素晴らしい発想力と，ものづくりにかけるエネルギーがあったのはもちろんですが，何かを作り出したいというケント君の願いを大切に見取り，遊びを広げる教材を提供してみたり，ケント君が行っていることに仲間が注目するような声掛けをしてみたり，子どもの思いに応えつつ，仲間や物とつながるきっかけを作っていった保育者の存在が重要であったのではないかと思います。

保育学者の津守真氏は，子どもの遊びについて「自分から何かをはじめ，自分でそれと取り組み，その中に子ども自身が意味を見出し，自分自身が新たになってゆく体験をしている」と述べています[*4]。遊びの中には，子どもの新たな育ちへとつながっていく，様々な人，物とのつながりのチャンスが含まれています。けれども，障害のある子どもの場合，自分の思いをうまく伝えられずに，人や物とのつながりがうまく築けない場合もあります。保育者が，子どもの遊びへの取り組みを丁寧に見取り，新しいつながりのきっかけを作り出していくことが大切なのではないかと思います。

＊4　津守真『子ども学のはじまり』フレーベル館，1979年。

まとめ

本章では，障害のある子どもを，その育ちを支える，人や物などの保育環境へとつなげていくためのかかわり，支援について学びました。子どもが自分の外に目を向けようとしている姿を積極的に捉えること，子ども独自の興味・関心のもち方を大切にすること，子どもと仲間，物がつながるきっかけを作ること。これらは保育において，子どもの障害の有無にかかわらず，保育者がもつべき基本姿勢です。けれども，自分の思いをうまく言葉にできない子どもの場合，保育者がより丁寧に，その子の思いに寄り添い，その子が，いま何に目を向けているのか，何をしたいのか，何を伝えたいのか感じ取る必要があります。そのようなかかわりを通して，子どもは新しい仲間，物へとつながり，そして，自分の世界を拡げていくのです。

さらに学びたい人のために

○津守真『保育者の地平――私的体験から普遍に向けて』ミネルヴァ書房，1997年。

「子どもがはじめた小さなことに目を止めて，それにこたえる保育者となるように」。著者は，生涯を通じて，障害のある子どもたちとかかわり，その体験を，多くの言葉として残してきました。この本には，保育者に力を与えてくれる，たくさんの言葉が随所に散りばめられています。

○浜谷直人（編著）『仲間とともに自己肯定感が育つ保育――安心のなかで挑戦する子どもたち』かもがわ出版，2013年。

「安心と自己肯定感」「仲間に支えられて育つ」をキーワードに，保育の中で，仲間とともに育ち合う子どもの姿が，豊富なエピソードを交えて描かれています。仲間関係の視点から，障害のある子どもに対する支援を考えるための手掛かりがたくさん書かれている本です。

○松井剛太『特別な配慮を必要とする子どもが輝くクラス運営――教える保育からともに学ぶ保育へ』中央法規出版，2018年。

「障害のある子どもを含め，特別な配慮を必要とする子どもたちは，学びのきっかけをくれる存在であり，保育の魅力を高める存在である」。配慮の必要な子どもたちへの支援をきっかけに，集団が変わっていく過程が，多くのエピソードを交えて書かれている本です。

第 8 章

子ども理解と指導計画

● ● ● 学びのポイント ● ● ●

- 定型発達の子どもと，障害のある子どもが共に生活する環境における，保育者の子ども理解，支援のあり方について学ぶ。
- 障害のある子どもの生活の姿に即した，個別の指導計画作成の方法について学ぶ。
- 個別の指導計画に基づいて行う支援の記録，評価の方法について学ぶ。
- 支援の成果，情報を小学校等，次の段階へと引き継ぐための方法について学ぶ。

WORK 障害のある子どもと仲間の関係について考えてみよう

次の事例を読んで，以下の課題をやってみましょう。

「タカヒロ君の思い，仲間の思い」

タカヒロ君（仮名）は，知的障害のある男の子です。タカヒロ君には，入園当初より，補助の先生がマンツーマンで付き，必要な支援を行っています。入園して2か月後のある日，玄関で靴の履き替えに時間がかかっていた，タカヒロ君を囲んで，同じクラスの子どもたちが「ウエムラタカヒロ君，ウエムラタカヒロ君」と，フルネームでタカヒロ君の名前を繰り返していることに担任の先生が気付きました。先生はハッとしました。集まりの時間に，タカヒロ君がよそ見をしたり，立ち歩いたりした時に，補助の先生，そして自分が「ウエムラタカヒロ君，先生の方を見て」「ウエムラタカヒロ君，席に座って」と声掛けをしているのを，子どもたちは真似していたのでした。

1．グループに分かれて，以下の2点について話し合ってみる（25分）

その1：この時のタカヒロ君，クラスの子どもたちはどのような思いだったのでしょうか。

その2：その1で話し合ったことを踏まえて，保育者としてどのようなかかわりがタカヒロ君，クラスの他の子どもたちに必要でしょうか。

2．その1，その2でまとめたことをグループごとに発表してみる（1グループ5分）

導入

障害のある子どもと，定型発達の子どもが，同じ場，同じ時間を共有し，育ちあうこと。それが，幼稚園や保育所，認定こども園で行う保育の大きな魅力です。本章では，多様な子どもたちが共に生活する保育の場における，障害のある子どもに対する保育者の子ども理解について考えてみたいと思います。そして，保育者が，自身の子ども理解を踏まえて，どのように個別の指導計画を立て，保育者同士でつながり，園全体でその子の育ちを支えていけるのか，そのための大切な視点と支援の実際について学びます。毎日を活き活きと過ごす子どもの姿を言葉にし，それを他の保育者と共有することによって，保育はもっと楽しくなっていきます。そのための子ども理解，計画，記録の方法について，学んでいきましょう。

1　障害のある子どもに対する保育者の子ども理解

1　障害児保育で求められる子ども理解の基本

障害児保育における子ども理解という言葉から，みなさんはどのようなイメージが浮かぶでしょうか。子どもの行動から障害の有無を判断したり，診断基準に照らし合わせて，子どもの行動を解釈したりするようなことをイメージするかもしれません。たとえば，ずっと積み木を並べている子どもを見て，「これは，自閉スペクトラム症の特徴であるこだわり行動だ」という見立てを行うことなどです。けれども，子どもの行動から障害を判断することは，そもそも保育者の役割ではありませんし，そのような見立ては，障害の具体的な表れ方を理解する上では役立つかもしれませんが，たくさんの遊具がある中で，なぜその子は，ある特定の遊具に没頭しているのか，そして保育者はそのような子どもの姿に対して，どのようなかかわりができるのかはあまり見えてきません。

障害のある子どもの中には，医療機関から，診断や様々な心理的見立てを受けて入園してくる子どもがいます。診断や心理的見立ては，子どもへの支援を考える上で大切な情報です。けれども，子どもを保育の場で，具体的に理解しようとする際に，診断や心理的見立ての情報にとらわれすぎると，目の前にいる子どもの姿に応じて，具体的に保育をどのように変えていけばよいのかという大切な情報を得ることができません。

診断や心理的見立てを基本情報として，目の前にいる子どもの行動を具体的に見取り，その子が自らの活動の幅をどのように広げようとしているのか，どのような感情体験をしているのか，その姿から丁寧に読み取っていくことが，保育者に求められる子ども理解の基本です。

2　集団に準拠した子ども理解を超えて

保育者は，日常の保育の中で集団全体へ働きかけつつも，子ども一人一人に応じたかかわりを臨機応変に行っています。たとえば，設定保育の時に，クラスの子どもたちに一斉指示を出しつつ，取り組みがゆっくりな特定の子どもに個別に声掛けを行うことや，自由遊びの場面で，子どもたち全員の遊びに目を配りつつも，遊びが停滞している子どものところに行き，フォローを行うことなどが挙げられます。集団を対象にしながらも，子ども一人一人を同時に対象にする，それが保育実践のおもしろさでもあり，難しさでもあります。

集団であることを活かし，集団でなければできない活動，多くの仲間とのかかわりを通して，子どもを育てていくということが，保育の特長です。けれども，集団をまとめようという意識が保育者の中で強くなると，集団と比較することによって，子どもの育ちを捉えすぎてしまったり，集団でしていることに子どもを合わせようとしすぎてしまったりすることがあります。特に，保育者がクラス担任の立場にある時には，クラスをまとめなければという思いから，集団に準拠して，子どもを理解しようとする意識が強くなってしまうことがあります。子どもを捉える物差しを集団に置いてしまう，そのような子ども理解を通したかかわりが強くなってしまうと，冒頭の WORK の事例のように，保育者の姿勢が，クラスの子どもたちにまで伝わり，障害のある子どもと仲間との関係にまで影響を及ぼしてしまうことがあります。

南アルプス子どもの村中学校の教師である加藤博氏は，子どもたちの大切な学びの一つとして，「他人をそっと見守りつつ，放っておく力」ということを挙げています[*1]。ここでいう「放っておく」というのは，他者の存在を無視するということではありません。そこには，自分とは異なる行動様式，価値観をもつ他者が存在する時に，自らの価値観を押し付けることなく，その思いを尊重しながらかかわることを大切にしてほしい，そんな願いが込められています。タカヒロ君に声を掛けていた，子どもたちの行動は，タカヒロ君の身支度を手助けしたい，という善意の表れであったのかもしれません。けれども，「あの子は『みんなと違うから』助けてあげなくちゃ」という思いが，子どもたちにあったのであれば，「みんなと違う」という目で見られているタカヒロ君の思いにも，目を向けられる気持ちを子どもたちに育てていきたいものです。標準的な発達と比較して，特定のことが「できる／できない」を超えた，人間は多様であることの意味や価値を，子どもたちにどのように伝えていけばよいでしょうか。

エピソード１　どうしてタカヒロ君だけ？

タカヒロ君は，朝の会の時に，姿勢が崩れてしまい，前で話している担任の先生の話を理解することが難しい状況でした。そこで，補助の先生は，小さなホワイトボードを用意し，タカヒロ君の前に置き，担任の先生の話す内容を簡単に板書し，タカヒロ君に見てもらうようにしました。タカヒロ君はホワイトボードを見るようになり，以前より姿勢が崩れることが減りました。ところが，他の子どもが「なんで，タカヒロ君だけ，そんなのがあるの？」と先生に聞いてくるようになりました。担任の先生も補助の先生も，どう説明したらよいのか悩みましたが，考えた結果，朝の会はクラスの子どもたちを前に集めて，子どもたち全員が見やすい，大

＊1　2018年11月13日，南アルプス市市民活動センターでの加藤博氏による講演から。

きなホワイトボードを使うようにしました。すると，タカヒロ君も，他の子どもたちも，みんなが先生の話を集中して聞く姿が見られるようになりました。

3　そこにあって当たり前の支援となるために

エピソード１を見てください。障害のある子どもに特化した支援は，時に目に見えやすいがゆえに，障害のある子どもと，定型発達の子どもとの違いを強調してしまい，「どうして，あの子だけ？」という子どもたちの疑問のきっかけになることがあります。

悩んだ末に，保育者が行ったことは，障害のある子どもだけではなく，全ての子どもたちにとって，わかりやすい説明の方法はないかと考え，活動そのものの環境を変えたことでした。障害のある子どもへの支援は，定型発達の子どもたちにとっても，丁寧でわかりやすい支援になることが多いです。障害のある子どもへの支援が，みんなが共有できる支援，そこにあって当たり前のものとして存在する支援となれば，子どもたちの間の目に見えない壁は生じないのではないでしょうか。保育学者の野本茂夫氏は「障害のある子どものうれしい保育を探求していくと，それが，周りにいる子どもたちにとってもうれしい保育になっていく」と述べています[*2]。障害のある子どもへの支援を考えることは，既存の保育のあり方を見直す重要な機会にもなるのです。

2 個別の計画に基づいた指導，支援の方法

1 個別の指導計画と個別の教育支援計画

現行の幼稚園教育要領や保育所保育指針，幼保連携型認定こども園教育・保育要領では，障害のある子ども一人一人に応じた，指導や支援の計画を作成することが求められています[*3]。計画には「個別の指導計画」と「個別の教育支援計画」の2つがあります。「個別の指導計画」には，幼稚園や保育所での子どもの姿を踏まえて，実際に行う指導や支援の内容が具体的に示されます。一方，「個別の教育支援計画」には，幼稚園，保育所等だけではなく，対象となる子どもの生涯の発達を見通し，児童発達支援事業所，医療機関，学校など，子どもの支援に携わる他職種，他機関との関係も含めた支援全体が示されます。個別の指導計画が，子どもが生活する特定の場での指導や支援を，具体的かつ詳細に記述する役割をもつ一方で，個別の教育支援計画は，子どもの指導，支援に携わる関係者間のつながりを記述し，関係者間の連携を促進する役割をもっています（図8-1参照）。

2 幼稚園，保育所，認定こども園での個別の指導計画の作成

個別の指導計画の様式については，これを用いなければならないという特定の様式はありません。一般的には「子どもの姿（実態）」「ねらい（目標）」「指

＊2　野本茂夫『障害児保育入門――どの子にもうれしい保育をめざして』ミネルヴァ書房，2005年。

＊3　幼稚園教育要領　第1章の第5「特別な配慮を必要とする幼児への指導」の1，保育所保育指針　第1章の3「保育の計画及び評価」の（2），幼保連携型認定こども園教育・保育要領　第1章の第2「教育及び保育の内容並びに子育ての支援等に関する全体的な計画の作成等」の3に，それぞれ関連する記載がある。

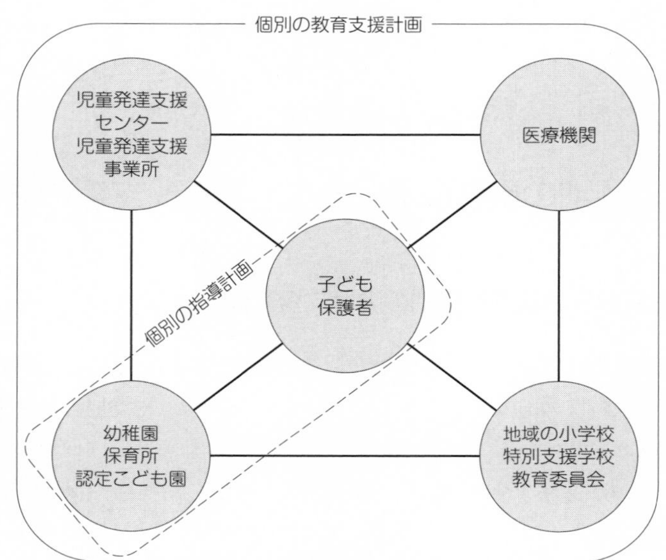

図８－１　個別の指導計画と個別の教育支援計画の関係

出所：筆者作成。

導（支援）の手立て」「評価」の４つの項目が含まれている様式が多いと思われます。自治体によっては，教育委員会等で様式例を出している場合もありますが，保育者が作成しやすい様式，具体的な保育に活かせる様式について，それぞれの園で考えることが大切ではないでしょうか。図８－２に，実際の個別の指導計画の様式の一例を示しました。

図８－２の①の部分には，計画作成時点における子どもの姿，実態が記述されています。この様式では，子どもの生活の姿を，「遊び」「人とのかかわり，言葉」「からだ，運動」「生活習慣」の４つの枠から整理し，まとめています。子どもの姿をまとめる枠組みについては，保育の場面ごとに枠を作って子どもの姿を記述する方法や，幼稚園教育要領，保育所保育指針，幼保連携型認定こども園教育・保育要領の５領域，幼児期の終わりまでに育ってほしい姿（10の姿）を参考に枠を作る方法など，様々な枠組みが考えられます。子どもに応じて，独自の枠組みを園で考えてみてもよいでしょう。また，面談等を通じて聞

○○幼稚園（保育所）　個別の指導計画

幼児氏名	○○　○○
記入者	○○　○○

作成日　○○　年　5　月　○○　日

①	計画作成時の子どもの姿（実態）	遊びから見た姿	・カプラやブロックを使って遊ぶことを好む。 ・昆虫の図鑑を見ることを好む。 ・お友達とかかわって遊ぶことは少ない。 ・レゴブロックやままごと道具の食べ物などを，友達や，友達の作ったものに投げることがある。
		人とのかかわり，言葉から見た姿	・大人に対して，自分のしたいことを言葉で伝えられる。 ・友達の遊びに目を向けることがあるが，自分から輪に入っていこうとしたり，声を掛けることは少ない。 ・自分の思い通りにならないときに，周りの友達を叩いたり，乱暴な言葉を言ったりすることがある。
		からだ・運動から見た姿	・園庭を走る，遊具で遊ぶなど，のびのびと身体を動かすことを好む。 ・ボール遊びでは，蹴る，投げる，取る，すべてとても上手にできている。 ・外遊びではキックボードにチャレンジしている。
		生活習慣から見た姿	・靴の脱ぎ履き，カバンの管理，衣服の着脱は自分でできる。 ・食事の支度は自分でする。白飯，肉類，魚類は食べるが，野菜は促してもほとんど食べない。 ・立って排泄することを嫌がり。洋式便器に座ってする。大便の仕上げ拭きは必要。
	保護者の願い		・家庭で一人で過ごすことが多かったので，友達と一緒に遊ぶ機会が増えてほしい。
②	特に大切にしたいねらい（長期目標）		自分の好きな遊びに取り組むことを通して，楽しさ，発見したことを，仲間や大人に伝える経験を増やす。
	期ごとのねらい（短期目標）	1期（4～7月）	自分の好きな遊びに取り組むことを中心に，仲間とのかかわりの機会を増やす。
		2期（8～12月）	自分の好きな遊びに取り組むことを中心に，楽しかったこと，発見したことを保育者や保護者に伝える経験をする。
		3期（1～3月）	遊びの中での仲間とのかかわりを通して，言葉でのやりとりの機会を増やす。
	保育の手立て	1期（4～7月）	本児の取り組んでいる遊び，周りの子どもの遊び両方に保育者が着目し，お互いが気づきあうきっかけ作りをする。
		2期（8～12月）	遊びに取り組む本児の表情や行動を丁寧に見とり，声を掛けていく。連絡帳を通して遊びの様子を家庭に丁寧に伝えていく。
		3期（1～3月）	本児の遊びに共感的にかかわり，他者に伝えることの楽しさを感じられるよう，丁寧にかかわっていく。
	子どもが安心して過ごせるための配慮（合理的配慮）		・思い通りにならず，手が出たり，物を投げたりした時は，本児の思いを言葉にして自分の感情への気付きを促す。 ・初めての場面や活動の前に，あらかじめ内容を伝えることで，本児が見通しをもてるようにする。 ・給食の苦手なメニューについては，無理はせず，一口食べて終わることで経験の幅を増やしていくようにする。 ・排泄については，立ってすることを強制はせず，安心して次の活動に移れるようにする。
③	期ごとの子どもの姿（評価）	1期（4～7月）	自由遊びの時間は，カプラで遊んでいることが多いが，仲間がやっているのを見て，自由画帳にクレヨンで絵を描いたりする姿が見られるようになった。
		2期（8～12月）	・自由画帳に絵を描くことを好むようになる。絵を保育者に見せにきて，内容を教えてくれるようになった。 ・その日遊んだことについて，連絡帳をもとに親子で会話をする機会が増えた。
		3期（1～3月）	絵に限定せず，遊びを通して自分の作ったものを保育者に見せにくる機会が増えた。その場に仲間がいる時には「これ，○○だよ」と，自分の作ったものを仲間に教える姿も見られた。

図8－2　個別の指導計画の様式例

出所：園で作成した実際のものから個人情報を削除，一部文言を修正して作成。

き取った，子どもの園生活に対する保護者の願いもあわせて記述しています。

②の部分には，①を踏まえて，特に子どものここを育てていきたいというねらい（目標）を，長期目標（年間目標）と短期目標（期ごと）に分けて記述し，ねらいを達成するための保育の手立てを，期ごとに記述しています。また，ねらいとは別に，子どもが園で安心して生活するために必要だと思われる配慮（合理的配慮[＊4]）もあわせて記述しています。障害がある子どもの個別の指導計画を作成する際，ねらいが，本児の苦手なことの改善や，集団への適応に偏ることで，子どもの興味・関心とは異なる部分での訓練が中心となり，結果として，子どもに過度の負担を課してしまうことがあります。遊びを中心とした，子どもらしい生活の充実を基本に，どのようなねらいを立てることが，その子にとってふさわしいか，子どもの実態と保護者の願いをもとに考えていきましょう。そして，子どもの苦手なこと，困っていることに対する必要な配慮を，合理的配慮として，併せて記述することにより，子どもにとって必要な支援を，個別の指導計画の限られた枠の中で，できる限り記述することが可能となります。

③の部分には，②を踏まえて，手立てを実践した結果，すなわち評価を，期ごとに簡潔に記入しています。

個別の指導計画は，年度の始めに作成して終わりではなく，子どもの姿に応じて，ねらいや手立てを柔軟に修正できることが望ましいです。パソコンで作成することで，修正もしやすくなり，データの管理，共有もしやすくなるでしょう。

3　障害のある子どもの保育記録

個別の指導計画で立てた，ねらいと手立てに即した評価を行うためには，ねらいに即して，定期的に日々の子どもの姿を記録していくことが大切です。

＊4　**合理的配慮**：障害のある人が，定型発達の人と共通の場，活動，時間に分け隔てなく参加し，安心して生活するために必要かつ適当な配慮のことです。日本では，2016年度から施行された障害者差別解消法（障害を理由とする差別の解消の推進に関する法律）などにおいて，行政機関，学校，職場などで合理的配慮を実施することが求められている。

名前	■■■　さん	10　月　30　日　火　曜日	
活動	園庭遊び	記録者	■■■
関連する長期目標	遊びのレパートリーを増やしその中で大好きな遊びを見つける。		
関連する短期目標	様々な遊びを経験し，満足がいくまで遊び込む。		
タイトル：一緒に乗ろう。			

朝の園庭での自由遊び。連日の雨で大好きなハンモックに乗れない日々が続いていたので久しぶりのハンモック遊びを楽しむ。

初めは一人で乗ってニコニコとした表情で揺れを楽しんでいるように見える。揺らしている私を見て「■■先生も乗るー！」と誘われ一緒に乗る。重みで沈んだハンモックに声を上げて喜ぶ。■■ちゃんから一緒に乗ろうと誘われたのは初めて（いつもはこちらから言って乗せてもらう)。「先生降りる！」と言われ，降りた時に近くにいる■■君に気がつき，「■■君乗る…」と小声で言う。私が「一緒に乗ろうって言ってみる？」と問いかけると「■■君一緒に乗ろう。」と声を掛けて二人で乗る。■■君が乗り込むのをみて笑顔を見せる。

他の子が遊んでいる輪の中に入ろうとする姿は見られていたが，自分が遊んでいたものに誘う姿がはじめて見られた。大好きなハンモックを一人で楽しむことから，他の友達と楽しみを共有するようになった姿に成長を感じた。

図８-３　障害のある子どもの保育記録の一例

出所：園で作成した実際のものから個人情報を削除して作成。

図８-３は，障害のある子どもの保育記録の一例です。この保育記録では，関連する長期目標，短期目標に関連して，保育者が着目した場面のエピソードを，写真を交えて記録しています[*5]。また，保育者が観察した事実だけではなく，

＊５　このような記録を，保育では「ドキュメンテーション」と呼ぶことがある。ドキュメンテーションでは，特定の場面や活動における，子どもの取り組みや，仲間との関わりの過程などを，エピソードや写真を交えて記録する。

保育者自身の気付き，思い，願いもあわせて記述しています。自身が捉えた子どもの姿に対して，心動かされたことを，言葉にすることによって，そのエピソードに，子どもにとってどのような大切な育ちが含まれるのか，そして，自分はその子の育ちに何を願い，何を大切に育てていきたいのか，といったことがより明確化されるのではないでしょうか。また，写真を添付することで，記録を共有する他の保育者や，保護者がその場面を具体的に想起しやすくなり，子どもの姿に関する共通理解が促されるという利点があります。

4　保育記録に基づいた評価

個別の指導計画で設定したねらいが，どこまで達成されたかについて，定期的に作成してきた保育記録をもとに評価を行います。計画に基づく援助が有効であったかを検討するためには，日々の保育記録を振り返り，評価を行う必要があります。

可能であれば，複数の保育者でカンファレンスを行い，保育記録を参照しながら話し合った結果を踏まえて，評価を行うことが望ましいと思われます。話し合いを通して，複数の保育者の視点で，子どもの現在の姿を捉え直すことにより，保育者一人では見出せなかった子どもの姿や，支援の方法を知ることができたり，支援に関するそれぞれの役割を確認したりすることができます。保育記録をもとに話し合いながら，子どもの現在の姿の捉え直しを行い，目標に関連して子どもに望ましい変化がみられているか，子どもの実態と目標は合っているか，丁寧に評価をしていきましょう。

また，評価は，基本的には，ねらいに照らし合わせて行われますが，子どもの主体的な遊びを通して，子どもの育ちを支えていくという保育の本質を考えると，ねらいとは別に，保育者が重要であると捉えた子どもの育ちがたくさん見出されることが自然なのではないでしょうか。図８-４は，日々の保育記録をもとに，カンファレンスを行い，保育記録から読み取れた子どもの育ちを，園の教育課程に照らし合わせて，マーカーをつけることで評価をした内容です（実際のものは，月ごとに異なる色のマーカーを用いています）。このような評価を行

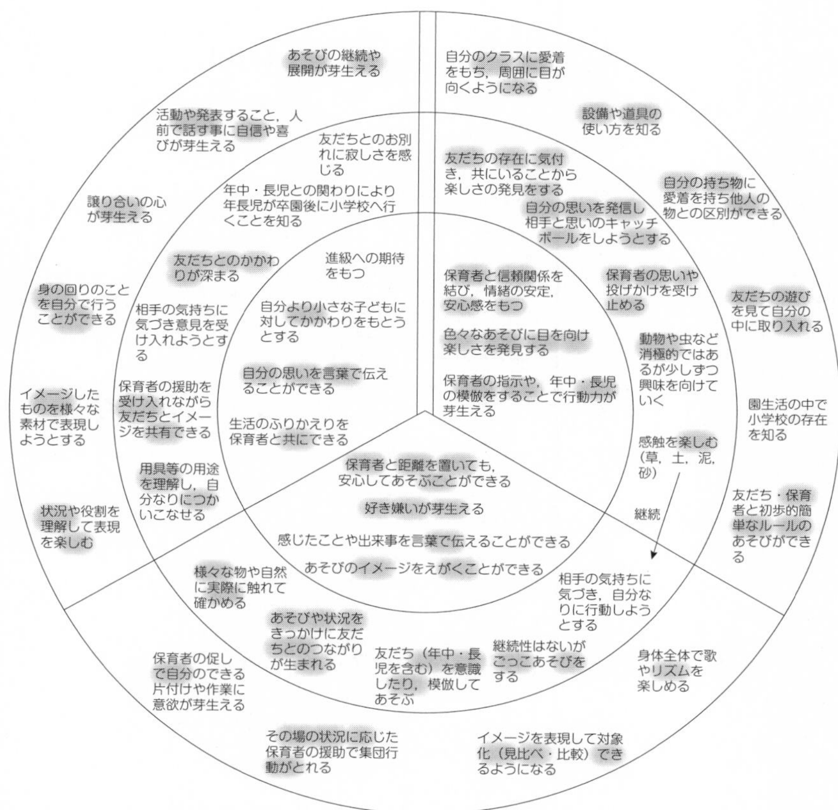

図8－4　保育記録から読み取った子どもの姿を，園の教育課程に照らし合わせて評価を行った一例（図は3歳児の教育課程）

出所：園で作成した実際のものから個人情報を削除して筆者作成。

うことで，個別の指導計画で設定した目標以外にも，保育を通して，どのような体験を障害のある子どもに保障できているのか可視化することができます。

3　幼稚園，保育所等での学びの履歴を次へとつなげていくために

小学校への就学を前に，個別の指導計画，そして保育記録をもとに積み重ねてきた，幼稚園，保育所等での，子どものこれまでの学びの履歴を小学校へと

ひきつぎシート（保育所・幼稚園等から小学校へ）

記入年月日：　○年○月○日　児 童 名：　○○ ○○
記入機関名：　○○保育園　　記入者名：　○○ ○○

○その子のよさや得意なこと ○上記のよさなどを発揮しやすい状況など	○自然への興味が強く，散歩で見つけた植物の絵を描いたり，捕まえた昆虫を図鑑で調べたりするなど，遊びを通して発見したことを表現したり，調べたりすることが好き，得意である。 ○年長になってからは，上記に関連して，自分の発見したこと，調べたことを，他の子どもたちに発表する機会を通して，自分を発揮してきた。 ○園庭遊び，園外散策など。 ○発表タイム（帰りの会）など。
○その子が支援を必要としていること ○上記のような支援を必要とする状況など	○初めての活動や慣れない環境にいるときに，不安で泣いたり，教室に入れなかったりすることがある。 ○不安なときに，自分の思いを言葉でうまく伝えることが難しいことがある。 ○初めて経験する活動や，行事がある時期 ○新学期など，仲間関係が変わる時期

○園で行ってきた支援	○初めての活動や行事の際には，前年度の活動の写真を見せたり，早めに伝えたりすることで，本児が活動への見通しをもてるよう配慮している。 ○不安が強いときには，無理に活動に参加させず，保育者が本児の不安な気持ちを言葉にし，共感することで，本児が気持ちに折り合いをつけてから，参加できるよう支援している。 ○各学期に一回，放課後等デイサービス○○と話し合いを行い，園，施設での子どもの様子，支援の内容について共有している。
○保護者の方の協力を得ながら行ってきた支援	○初めての活動や行事での本児の様子は，担任から保護者に伝え，本児が楽しく過ごせたこと，頑張ったことについて，家庭でも，本児と話す際に話題にあげてもらい，本児の自信となるよう配慮してもらっている。 ○新学期の時期（4月）は預かり保育の時間を少し短くしてもらう日を設けていただき，家庭で落ち着いて過ごせる時間を長めに取れるよう配慮していただいた。 ○半年に一回の医療機関（児童精神科）での診察の結果について，保護者から担任に伝えてもらっている。

図８－５　幼稚園，保育所等から小学校等へ情報を引き継ぐための資料の一例

出所：札幌市保健福祉局「サポートファイルさっぽろ」の様式を一部改変，記入例を加筆して筆者作成。

伝えましょう。通常の保育要録だけでは，子どもの情報を十分伝えきれないかもしれません。個別の教育支援計画を作成しているのであれば，幼稚園，保育所等の欄に，これまでの指導，支援の経過を記述し，保護者にお渡しし，就学先の学校へと引き継いでもらいましょう。

個別の教育支援計画については，現在は，多くの自治体で様式例を公開しています。既存のものを参考にしつつ，引き継ぎ先の小学校と協議しながら，それぞれの園，小学校で効果的な様式について検討してもらえればと思います。図8-5は北海道札幌市が公開している，幼稚園，保育所等から小学校等へ情報を引き継ぐためのシートです[＊6]。

まとめ

本章では，定型発達の子どもと障害のある子どもが共に生活する環境における，子ども理解，支援のあり方について学びました。また，障害のある子どもの生活の姿に即した個別の指導計画の作成，記録，評価の方法と，学びの履歴を小学校等，次の段階へと引き継ぐための方法について学びました。幼稚園，保育所等で，障害のある子どもの育ちを支える上で大切なことは，標準的な発達と比較して子どもを捉えるだけではなく，遊びを中心とした日々の生活をどのように充実させることができるのかという視点をもつことです。個別の指導計画や保育記録の作成，そして評価を通して，行動だけではなく，保育環境へと向かう内面の動きも共感的に捉えながら，子どものかけがえのない育ちの姿を言葉として積み重ね，次の保育，そして小学校へとつなげていきましょう。

さらに学びたい人のために

○赤木和重・岡村由紀子（編著）『「気になる子」と言わない保育――こんなときどうする？　考え方と手立て』ひとなる書房，2013年。

保育者が体験する「こんな時どうしたらいいの？」という事例が多く取り上げられています。それぞれの事例のよくある対応と，視点を変えた対応を，比較して読み進めることで，自身の子ども理解，保育観を問い直す機会につながります。

○酒井幸子・田中康雄（監修・執筆）『発達が気になる子の個別の指導計画――保育園・幼稚園で今日からできる！』学研教育みらい，2013年。

＊6　「サポートファイルさっぽろ」（札幌市保健福祉局のホームページ）で公開されており，様式データだけではなく，活用例も示されている。

特別な支援が必要な子どもの「個別の指導計画」について，参考となる様式や具体的な記入方法，指導実践例が豊富に示されています。自園の個別の指導計画の様式を考えてみたい，見直してみたいという保育者におすすめの本です。

○中坪史典（編）『子ども理解のメソドロジー――実践者のための「質的実践研究」アイディアブック』ナカニシヤ出版，2012年。

「エピソード記述」「ドキュメンテーション」「ラーニングストーリー」など，子ども理解を深めるための手法について，実践例と合わせて詳細に解説しています。自園の保育記録について見直してみたい，新しい保育記録について学んでみたい保育者におすすめの本です。

第9章

園に求められる受け入れ体制

● ● ● 学びのポイント ● ● ●

〈通級や個別支援学級の制度がない園生活の中で……〉

- 担任や担当だけが責任を負うのではない園全体での受け入れ体制の整備について理解する。
- 担任教師とフリーの保育者との連携体制（役割分担）を学ぶ。
- 障害のある子どもの保育における子どもの健康と安全について理解する。

WORK 自力で移動困難な３歳児の受け入れ

自力では移動困難な３歳児が入園します。保育室や遊戯室（ホール）が２階以上にもあります。あなた（の園）の受け入れにあたっての具体の対応についてイメージしてみましょう。

> 条件
> - 本児は装具付きの靴を装着し自立歩行困難でつたえ歩きや，固定具を持って自立することはできます。
> - 保護者は活動や行事の内容に応じて，介助等の保育に参加することは可能です。
> - あなたの園は３歳児クラスの保育室は１階で，遊戯室（ホール）が２階にあります。
> - ３歳児クラスは２クラス編成，各クラス２名担任で保育し，２クラス共通のフリーの保育者が１名配置されています。

１．自分のイメージを１枚のシート（白紙）に描いてみる（20分）

本児の集団生活での姿，園全体の様子，などを下記の観点を踏まえ自らのイメージを自分なりの表現手段で１枚の紙に描き出してみましょう。

- 集団生活での本児と他児の様子をできるだけ具体的に。
- その時の保育者に求められる配慮や対応，そして戸惑いや不安。
- 戸惑いや不安をやわらげるための準備，保護者や園内での連携は……。

２．グループワークでイメージを共有する（20分）

３～４人のグループで，各自のシートを示し合いながら３つのポイントに基づいて話し合い，イメージを広げましょう。

３．グループワークの内容をクラス全体で分かち合う（20分）

グループワークの気づきをクラス全体で共有しましょう。

●導　入

日本に在住する全ての子どもが，良質な幼児教育・保育を受ける機会の保障が，様々な法制度の中で位置付けられていることは，既にこれまでの学びの中で触れ認識していることでしょう。しかし，そのことが幼稚園や保育所，認定こども園の中で非常に重たい意味をもちながらも，現在も十分に実現されていない現状（行政の統計などでは表れない）であることを理解しましょう。

その上で，園では全ての職員がチームワークを発揮することで，保育の営みが充実するという事実を基底として，障害，母語や文化の違いを含め多様な実態にある子どもが，あるがまま受け入れられ，子どもどうしの育ち合いの中でその子らしい発達を保障される幼児教育・保育環境の体制づくりについて，共に可能性を紡ぎ出しながら学びましょう。

1　多様な子どもを受け入れるという事実

改訂（定）された，幼稚園教育要領や保育所保育指針，幼保連携型認定こども園教育・保育要領では，障害や母語や文化の違いを含め，多様な子どもの受け入れと良質な幼児教育・保育の提供，家庭や関係機関との連携，小学校等との引き継ぎに等ついて，これまでに増して推進するように示されています。

このことについては，まず，学校教育法に障害のある子どもの受け入れや，教育の機会保障が位置付けられている事実を認識しましょう。さらには，2016年4月から適用されているいわゆる「障害者差別解消法」に基づく「文部科学省所管事業分野における障害を理由とする差別の解消の推進に関する対応指針」が示されました。この対応指針においては正当な理由がある場合を除き，「不当な差別的対応と合理的配慮の不提供の禁止」が明確に示された意味を，幼児教育・保育の実践現場に身を置く者はしっかりと認識し，可能な限りその実行に努めなければなりません。

また，法制度に位置付けられているから，多様な子どもを受け入れ，その家族と共に，子どもの成長・発達を共に担うという考えではなく，子どもはそもそも一人一人が絶対無二の存在であり，多様であるという事実を認識し，その基盤にたって幼児教育・保育の営みに参画する，という意識は保育者として備えていなければならない必須の要件であるといえます。

多様な子どもを受け入れ，共に生活し，豊かな遊びを実現する営みを継続する事実は，重く尊いのです。

2 幼稚園，保育所，認定こども園の体制と実態

現在の幼稚園，保育所，認定こども園（以下，幼稚園等）は，2015年４月から施行された子ども・子育て支援新制度への移行や施設類型の多様化が進むと同時に，公立幼稚園の認定こども園への移行や廃止，公立保育所の民間委託など公的な役割の多様化が進んでいます。

障害のある子どもの受け入れにおいても，公立園から私立（民間）園へ移行する地域が多くなっている実情があります。私立（民間）園の中には，公立園が障害のある子どもの受け入れを始める以前から，独自の建学の精神や保育理念に基づいて，障害のある子どもを含め多様な実態にある子どもを受け入れ保育を営んできたところもあります。しかし，その様な園は相対的に少なく，子どもの数も保護者や家族の希望に見合う受け入れが行われていないという実態にあります。

このことは，幼稚園等の施設は他の学校種や施設と比較して規模が小さく，教師・保育職を含めて少人数で構成された職員組織であるため，補助金や運営費の加算があっても，多様な子どもを受け入れ保育を継続する体制を整備することが困難である実態が，現在もなお続いていることに起因するといえるでしょう。

また，通級や特別支援学級の制度がないことや，私立（民間）園では特別支援教育に関する校内委員会の設置や特別支援教育コーデネーターの指名・配置が難しい園も少なくありません。

これらのように，幼稚園等は障害のある子どもを含め多様な子どもの受け入れが難しい実態におかれています。しかし，限られた社会的資源と条件におい

ても，保育者を目指すみなさんは実現可能な幼児教育・保育の可能性を現実的に求め，将来の担い手になるべき学びを深めましょう。

3　受け入れ体制の整備（形式から実現可能なスタイルの創生）

1　子どもは多様であるからこそ育ち合うという文化づくりから

幼稚園等の施設は，障害の有無によってクラス編成することや，障害児だけを対象とした個別対応を行うことが難しい，という実態をマイナスに捉えるのではなく，インクルーシブ教育システム[＊1]の実現にはむしろ望ましい環境であると理解することができるのではないでしょうか。

つまり立ち位置や視点を変える（リフレームする），ということです。

今日，幼児期の子どもは障害の診断等の有無にかかわらず，それぞれに発達課題があり，保護者を中心とした家庭との連携は必要不可欠であり，個別の対応が求められます。

保育者の配慮が行き届いた環境で安心・安全がまもられた生活を共にして遊ぶ中で，子ども同士の育ち合いが生まれます。この子ども同士の育ち合いは，保育者の個別の配慮に加えて，子どもの発達を支える大切な要素となります。

幼児教育・保育では，全ての子どもの実態と課題を，担任ばかりでなく関係する全ての保育者が把握した上でかかわり，保育を計画し，実践し，アセスメントする，という基本を大切にしたいものです。

＊１　障害者の権利に関する条約第24条によれば，インクルーシブ教育システム（inclusive education system，署名時仮訳：包容する教育制度）とは，人間の多様性の尊重等の強化，障害者が精神的及び身体的な能力等を可能な最大限度まで発達させ，自由な社会に効果的に参加することを可能とするとの目的の下，障害のある者と障害のない者が共に学ぶ仕組みであり，障害のある者が「general education system」（署名時仮訳：教育制度一般）から排除されないこと，自己の生活する地域において初等中等教育の機会が与えられること，個人に必要な「合理的配慮」が提供される等が必要とされている。

2　家庭の不安や合理的配慮の把握は全ての子どもを対象に

幼稚園等の保育を進めるにあたって，保護者の不安や要望を含め，子どもの実態把握は非常に重要です。

合理的配慮や教育的に特別な支援を要する子どもについて，生育歴や医療機関や療育機関の利用状況（専門医の診断や療育内容）の把握と園内での共有は，保育を実践する際の重要な情報であり手がかりです。

可能であれば，入園前の「あそびのひろば」や「未就園サークル」などでの，何気ない会話や相談内容を可能な限り記録し保管することや，入園前の個別相談の記録を入園後にも活かす手続きは，それぞれの園の実態に応じて整備することが大切です。

さらに，全ての保護者（家庭）に，子育ての不安や悩みがあることを前提にして，相互の信頼関係を醸成しながらも，定期的（最低でも年度に一度）にアンケートを実施するなど実態把握に努めたいものです（図9-1）。

3　実態把握の機会は細やかに丁寧に設定する

障害のある子どもや，母語や文化の違う家庭の子どもの実態把握は，その機会を細やかに設定し，丁寧かつ継続的に行うことが重要なポイントです。

また，手続きとして定期的な質問紙によるアンケートばかりでなく，個別の面談の機会（家庭訪問，学期毎の面談，園長や特別支援教育コーディネーターを交えた四者面談）を，定期的（月例ないし年度内で複数回）に行います。そのような機会でのやり取りによって，担当医や他の機関の担当者の所見などの情報を，園と家庭が共有し共により深い理解のもと適切なかかわりができるようにすることが，子どもの成長・発達を支えるために必須なプロセスといえます。

このアンケート用紙は封入されていた封筒に入れて○月○日（○）までにクラス担任へご提出ください（登園の際，玄関かバス担当の先生に直接手渡ししてください）。

年　月　日

園児氏名：＿＿＿＿＿＿＿＿　保護者氏名：＿＿＿＿＿＿＿＿

1．次の児童福祉法等に基づく公的サービスを受給等している場合は該当する項目を○で囲んでください。（複数回答可です）

・「身体障害者手帳」の交付。
・「療育手帳」の交付。
・「特別児童扶養手当」の認定。
・「障害児通所給付費」の支給決定（児童デイサービス等の利用のための受給者証）。

面談していただける保護者氏名：＿＿＿＿＿＿＿＿

2．上記の受給等はないものの，お子様の発達や子育てに不安や心配がある場合は，可能な範囲で下記にその内容をお書きください。

内容 ……………………………………

四者面談を　希望する。　希望しない。（どちらかを○で囲んでください）

面談していただける保護者氏名：＿＿＿＿＿＿＿＿

3．上記について，いずれも幼稚園に回答することがない場合はこちらに署名をお願いします。

保護者氏名：＿＿＿＿＿＿＿＿

図９－１　特別支援実態把握に関するアンケート（回答）例

出所：美晴幼稚園特別支援委員会の資料をもとに筆者作成。

4 チーム○○園の体制整備

1 責任の集中と分担

幼稚園等では，一つのクラスを２名以上の保育者で担当する，複数担任制の園が増えています。このことは，保育所や認定こども園を中心に，０歳から６歳までの多学年（学齢）の集団を異学年混合でのクラス編成で保育することを含め，多様なクラス編成と担任（担任と補助の保育者など）の配置で保育する園が増えつつあることを意味します。

そのような実態においても，合理的配慮や教育的に特別な支援については，クラス担任のみに責任が集中するのでなはく，家庭や関係機関との情報共有から具体のかかわりまで，園全体が一つのチームとなって一日一日の保育にあたりたいものです。

演習

「入園当初から衝動性があり，保育室から出ていったり，お散歩では興味がある対象に飛び出す４歳児がいます。最近，家庭環境の変化から，衝動性が増し，不安定な様子の頻度が増しました。ちょうどこの頃，お店やさんごっこでクラスを越えた集団であそぶ時間が多い毎日です。本児の理解とアセスメント，目標の設定や家庭との情報交換は担任だけでは難しい状況です」。

【グループワーク１（自分が担任だったら）（20分）】

この頃の本児の様子や保育内容から，自分が本児のクラス担任だと仮定した時，どのような難しさを感じ，他の保育者のサポートを受けたいと考えるでしょうか。具体的な例を示しながらグループで話し合いましょう。

【グループワーク２（自分が他のクラスの担任や補助だったら）（20分）】

グループワーク１と同様に，自分が本児担任ではない場合を想定して，クラス担任の保育者をどのようにサポートしますか。また，その時，事前にどのような情報を把握していると，本児と担任保育者にとってより望ましいサポートができると考えますか。

【グループワークの内容をクラス全体で分かち合いましょう（20分）】

グループワークの気づきをクラス全体で共有します。

2　園内委員会やカンファレンスの定例実施

幼稚園等の規模や運営の実態によって，園全体が一つになってチームになることが困難な場合もあり，学年毎あるいは幼児と乳児を分けるなど，園内を細分化してチームを編成する場合もあるでしょう。

いずれの場合も円滑な運営により，子どもにとってより望ましい保育を実践するために，基礎的な情報の共有と実態把握（認識），そして，目標とかかわりを共通認識することは欠かせません。そのために，幼稚園等では園内委員会やカンファレンスを定期的に実施することが重要になってきます。

クラス担任等が整理した基礎情報と中期・長期的な課題や目標の共有を図りながら，直近の実態を提示し合い，短期目標（修正も含め）を丁寧に話し合う機会を設けたいものです。このような普段（不断）の地道な努力が，予期せぬ危機や成長という変容への適切な対応にも活かされます。

カンファレンス等には，話し合いの足場となるシート（図9-2）があると，イメージの共有化を促し，より豊かで実践に還元できるものになるでしょう。

3　多角的なアプローチとまなざしが子どもの実態を浮き彫りにする

園内委員会やカンファレンスなどの機会はもとより，毎日の職員間で保育の振り返りや子どもの様子の共有が，自分だけでは見えない，気付けない子どもの姿を紡ぎ出します。

毎日見守りかかわっている職員全体の複数の視点，異なる角度からのまなざしで子どもを見つめ理解することは，保育の視線がパースペクティブ（遠近感）を生み，子どもの実態をより現実的に捉える確度を高め，保育者に見え方の深まりと展望を与えてくれます。

チームで多様な子どもの保育にあたることは，保育者の孤独やストレスを解消するばかりではなく，子ども理解からはじまる一連の保育の営みを，豊かなものにすることに寄与します。

図９－２　子どもの実態把握と指導計画

出所：札幌市幼保小連携協議会，2018年の資料をもとに筆者作成。

4　担任の保育者とフリーの保育者の役割分担

チームによる保育では，等しく子どもとかかわることと共に，クラス担任とフリーで配置された保育者との役割分担のあり方も，保育の熟度に変化をもたらします。インクルーシブな保育環境は，一人一人異なる発達の実態に対応した保育者のかかわりや，子ども同士のかかわりへの支援が求められます。

担任の保育者は，中・長期の指導計画に基づいた展望をもち，週やその日のクラス全体の指導計画に基づいた準備と環境構成を行い，時間と安全の管理を図りながら保育を進行します。その過程では，一人一人の様子に気をくばりかかわりながらも，クラス全体への対応が中心となります。

一方，フリーや補助の保育者は，不安や戸惑い，あるいはつまずきたちどまっている子どもを見逃さず，個別により具体で丁寧な援助やかかわりをしながら，子どもの生活を支え，遊びにつなげてゆきます。また，他の職員との連絡や調整といった役割も担いながら，担任の保育者がじっくりと腰を落ち着けて保育に専念できる環境づくりにも力を尽くします。

また，その時のクラス全体の様子や，合理的配慮や支援を要する子どもの実態に応じて，役割を入れ替えることで，より適切な環境づくりとかかわりを行い，保育者同士の相互理解もはたしてゆきます。

チーム保育の実践現場では，それぞれの職員の立場と専門性を尊重し，相互理解に基づいた同僚性が発揮されることが，相乗的に保育者の自律性と実践力を高めることにつながります。

5　カリキュラムマネジメント

インクルーシブな教育環境では，カリキュラムマネジメントにおいても工夫が必要です。2017年の幼稚園教育要領等の改訂では「幼児期の終わりまでに育ってほしい姿（10の姿）」が示され，方向目標がより明確になりました。ここで注意したいのは，この10の姿はこれまで通り方向目標であっても修了までの到達目標ではないことです。

障害のある子どもを含め，多様な実態の子どもが共に育ち合っている保育の場では，発達の順序や方向性は共通していても，一人一人の育ちのプロセスも進度もそれぞれに多様です。その事実を十分に理解した上で，記録とアセスメントを行うことが求められ，担任の責任の重要性と同様に，フリーや補助の保育者との連携の重要性も明確になってきます。

標準モデルに沿うのではなく，一人一人の発達のプロセスに寄り添い，その理解に基づいて，絶えず最適解を求め続ける姿勢と具体の手続きが，保育者の協働性に期待されます。

5　実務に活かされる研修と連携体制の構築

障害や社会的支援については，絶えず知見や診断基準，法制度などが更新されます。園外での専門の講師による研修会への参加は当然として，外部講師を招いて研修する機会を設ける必要性は年々高まっています。さらに大切なのは，外部研修や講師を招いた研修で得られた知識や技術を園内の職員が共有して，保育実践に活かすことです。

また，医療機関や療育機関，児童相談所や保健所（保健センター）との連携の重要性は保育に関係する者の共通認識でしょう。関係諸機関との連携に際しては，儀礼的な連絡にとどまらず担当者どうしの意思疎通を図ることも重要です。互いにどちらからも必要に応じて，円滑な連絡と協働がなされる関係作りが，難しい状況に至った場合でも，その解決に同じ方向性と見通しをもって臨むことを可能にしてくれることでしょう。連携の質にも十分注意をはらい，よりよい関係を構築したいものです。

6　全ての子どもの健康と安全

障害のある子どもはその心身の特性により，幼稚園等の施設環境や状況の中に適応が難しいことがある場合が少なくありません。

冒頭の WORK で共に考えましたが，身体の特性により移動が困難な場合や，姿勢の維持や他児と同様の活動が行えない場合があります。また，医療的介助を必要とする場合，アレルギーや科学物質過敏症等，保育者や看護職員などの職員，家族の介助がなければ健康な生活を維持継続できない場合があります。

一人一人の実態に応じて，適切な対応が必要であり，保護者と園が具体的な介助や援助について合意し，書面での確認を行った上で実施することが必要となります。そこでは，継続して安全かつ確実に実施可能か否かを精査し，互いに無理を生じない対応の実行が求められます。

また，子どもの緊張や不安，過敏性などについては，合理的配慮に基づく環境調整[*2]を図ることで一定解消することもあり，その時の子どもの実態にあわせた具体的な対応が必要となります。

7　互恵性と相互理解に包まれて

1　保護者や家族の相互理解は必須の要件

幼稚園等で障害のある子どもを含めて，多様な実態にある子どもを受け入れ，継続して保育を営むためには，他の保護者や家族の理解と協力が不可欠だといえます。

園の保育者や職員が受け入れを理解し，合理的配慮などの手続きを具体的に進めて体制が整っても，他児の保護者や家族の中に，理解が至らない偏見や差別意識があると，いずれ不平や不満があらわれかねません。また，表立ってそのような思いが寄せられなくても，子どもを通してどこかギクシャクしたものが園全体を包んでしまいます。

幼児期の子どもは，保育者に見守られ適切にかかわってもらえる環境で，子ども同士の育ち合いによって，適切な時間を要しながらその子らしい成長・発

＊2　合理的配慮，環境調整については，「文部科学省の文部科学省所管事業分野における障害を理由とする差別の解消の推進に関する対応指針」「発達障害を含む障害のある幼児児童生徒に対する教育支援体制整備ガイドライン――発達障害等の可能性の段階から，教育的ニーズに気付き，支え，つなぐために」を参照のこと。

達をとげてゆきます。園や保育者は，その互恵性の意味と発達のプロセスを全ての保護者に丁寧かつ具体的に伝え理解を促す努力を継続したいものです。互恵性と相互理解に包まれて育った子どもは，園を卒園した後の長く困難な人生を，幸福に生き抜くことができると信じています。

2　どんな時も子どもの可能性を信じて

ある保護者から寄せられたお手紙から
２年間　大変お世話になりました。
○○は１歳半で発達障害と診断されました。
正直　その時　この子の人生は影の人生を歩いていくんだろうと諦めていました。
この子には可能性はないのだと……。
もちろん幼稚園に通うなんて頭の片隅にもありませんでした。
でも○○幼稚園に出会って先生方に出会って，少しずつですが着実に○○は変わりました。
諦めていた幼稚園生活や運動会，おゆうぎ会など全てに参加させていただきました。
先生方に助けていただきながらですが笑顔でやり遂げた○○の顔を見て親の私たちが勝手にこの子の可能性を諦めていたことに気付きました。
○○幼稚園生活で経験した“可能性”をもって新たな小学校生活に挑戦します！
長々とすみませんでした。
最後に本当にありがとうございました。

子どもの可能性は私たちが見失った時に，消滅してしまうのかも知れません。保育者の自己満足や強要ではなく，子どもが育つことを，子どもの可能性を信じて，謙虚に懸命に保育に向かいたいものです。

そのことはテキストではなく，日々の子どもの事実が教えてくれるでしょう。

まとめ

本章では「そもそも子どもは多様な存在であり，一人一人がその子らしく輝く保育」の実現を希求する意味を，幼稚園，保育所，認定こども園が，障害，母語や文化の違いを含め多様な実態にある子どもを受け入れる体制を整備する視点から，共に考えてきました。

「職員が互いの専門性や立場を尊重したチームワーク」が機能すること，保護者の相互理解に基づいた支えがあり，互恵性のある子ども同士の育ち合いの関係性が醸成されることで，子どもや保護者が求める子どもの幸福につながる保育の実現がなされます。私たち一人一人がその担い手になれるように成長していきたいものです。

さらに学びたい人のために

○文部科学省「幼稚園教育要領解説」2018年。

子ども理解に基づいた教育課程や指導計画の立案，実践のあり方について丁寧に解説されており，このことは合理的配慮や教育的な支援を必要とする子どもの保育に通底する基本です。

○文部科学省「文部科学省所管事業分野における障害を理由とする差別の解消の推進に関する対応指針」2015年。

本指針には，学校教育分野における対応についても学校種毎に対応方法が具体的に示されています。自治体の体制整備から各園での具体的な対応方法まで，想定できる場面の対応について障害者団体の意見を反映してまとめられています。

○文部科学省「発達障害を含む障害のある幼児児童生徒に対する教育支援体制整備ガイドライン――発達障害等の可能性の段階から。教育的ニーズに気付き，支え，つなぐために」2017年。

本ガイドラインは，幼児教育から小学校，中学校，高等学校まで一貫して“全てのクラスで多様な子どもの生活と学びを実現する”ことを願い整備されたガイドラインです。園（学校）内の支援体制づくりから環境調整に至るまで，文部科学省を中心として積み重ねられた知見や経験に基づいてまとめられています。

第Ⅳ部　家庭や地域との連携

第10章

家庭との連携

●●● 学びのポイント ●●●

- 子どもが集団保育に入るにあたっての，家族の思いを学ぶ。
- 家族とよりよい関係を築いていくための，支援する側の心もちや必要な配慮について学ぶ。
- 障害のある子ども本人やその保護者と，周囲の子どもたちやその保護者とをつなぐ架け橋として，保育者ができることについて学ぶ。

WORK 障害のある子ども（自閉症児）を育てる家族とよい関係を築くために，大切だと思うことについて考えてみよう

「自閉症で知的にも障害があると診断された子どもを，療育の通園施設から保育園へと移行して通園を始めた時の出来事」

年少から保育園に通うことにしました。入園当初から多少気になることもありましたが，「ちゃんと見てもらえる」と思い，息子を預けました。ところがそこで大変なことが起きてしまったのです。よほど怖いことがあったのか，水遊びが大好きで泳ぐ寸前までいっていた子が，急に水を怖がりだして，プールはおろか，好きなお風呂にまで入れなくなってしまいました，「何が起きたのですか？」と聞いても「わかりません」という返事しか返ってきません。園長先生からは「申し訳ない」との話はありましたが「原因はわからない」とのことでした。子どもをちゃんと見てもらえていなかったのかと不安になりました。心配なことはそれだけに留まりません。好き嫌いなく食べていたのに，おかずを一切食べなくなってしまったのです。（それ以降息子は魚嫌いなままです）さあー大変！　少しでも食べられるように，一口おにぎり，一口のり巻きを作ったり，何でもドライ乾燥にしてふりかけを作ったり，特製ジュースを作ったり，一日中台所にいたように思います。

何か問題が起きた時，その原因を把握し，どのような対応をしたのかについて，返答してほしかったのですが，この時ほど，先生と親が率直に話しをすることの難しさを痛感したことはありませんでした。

出所：全国障害者生活支援研究会（サポート研）「障害のある人のお母さん100人に聞きました――知的障害のある子どもを育てる」同研究会ライフサイクル支援研究委員会，2002年。

上記の文章を読んでグループに分かれて話し合いましょう。

障害のある子どもを育てる家族とよい関係を築くために大切だと思うことについて，案を出し合い，どんなことに気付いたか，各グループごとに発表しましょう。

導　入

保育所や幼稚園，認定こども園が障害のある子どもを受け入れ，いろいろな子どもと共に育つ喜びを保護者と共有するためには，家庭との連携がとても重要です。障害のある子どもの親は子どもが生まれてから，我が子に障害があることを受け入れ，集団保育の中で育てる道を選ぶまでにたくさんの葛藤があります。希望の園へと入園し，集団の中で育っていくことを選択した家庭が，我が子の成長を喜べるように，園としてどんな支援ができるのか，保育者はどのようなことに配慮して向き合っていけばよいのか，他の子どもたちとの関係の築き方や，他の保護者との架け橋をどのようにして築いていったらよいのかを，深く考えていきたいと思います。園が障害のある子どもを受け入れることで，障害のある子ども本人や家族の支えになるだけでなく，他の子どもたちや保護者にとっても心温まる豊かな経験となり，この先の生き方に影響を与えるものと思います。そしてそれは社会を変えていく原動力にもなり得るのではないでしょうか。本章では，園が障害のある子どもを受け入れ保育していくために，必要なことについて学びます。

1　障害のある子どもの受け入れ

1　子どもを授かった時の気持ち

赤ちゃんが生まれてくるまでの日々を，ご家族はどんな気持ちで過ごすと思われますか。待ち望んでいた妊娠であれば，赤ちゃんが元気に誕生することを，楽しみに待つことでしょう。思いがけない妊娠であったとしても，産むことを決めた時からは，やはり元気に誕生することを夢見ることと思います。生殖技術が進み，命の誕生をこれだけコントロールできる時代となった今も，赤ちゃんの誕生はうれしい知らせであると思います。

しかし，中には妊娠時に，胎児に何らかの障害があることを告げられていた方や，出産後に障害が判明する方も現実にいます。現在は医学の進歩と共に，ひと昔前だったら救えなかった命も助かることが増えてきました。それは，医療的ケア[*1]を必要とする子どもの増加傾向とも重なります。我が子が重い病気や障害をもって生まれてくると知らされた時の気持ちに，思いを馳せることはできますか。障害のある子どもを持つ親は誰でも一度は絶望の淵に立つといいます。それは，障害の程度が重度であっても，軽度であっても同じです。「この子はどのように育っていくのだろう」「この子に何をしてあげられるのだろう」という不安を持ち続けているということを深く受けとめたいと思います。

突然，自分の身にふりかかった現実をどのように受け入れていったのか，障害のある子どもを育てている保護者に直接話を伺ったので，参考までに紹介します。

①内部障害[*2]，視覚障害，聴覚障害，肢体不自由などの身体障害，ダウン症などの染色体異常などのケース

- 夫の親が，孫が障害のある子どもだということを受け入れられず，障害への理解も難しく，関係が悪くなり絶縁状態になりました。
- 自分（母）は心の底から「生まれてきてくれてありがとう」と思えましたが，夫は子どもの障害を受け入れられず抱くこともできませんでした。結果，離婚に至り，現在シングルマザーとして頑張っています。子育てを楽しんでいるので離婚は後悔していません。
- 生後，医療関係者から「ダウンちゃん」と呼ばれたことがありました。親しみをこめてだと思うのですが，我が子にはちゃんと名前があるので，名前で呼んでほしいと思いました。
- 出産１か月前にお腹の子の心臓に異常が見つかり，とても不安になりました。家族と共に，生後４回の手術の必要性についてなど説明を受けました。出産までの１か月の間に全てを決めなければなりませんでした。家族間で意見がまとまらなかったこともあり辛かったです。その上，出産した病院で手術ができず産後すぐに転院し，１週間後に１回目の手術実施となりました。家族も助けてくれましたが，自分も毎日の通院で身体は疲れ切っていました。
- 出産１か月前に心臓の異常がわかり，大学病院に転院しました。里帰り出産

＊１　**医療的ケア**：第４章参照。
＊２　**内部障害**：心臓，腎臓，呼吸器など身体内部の臓器に障害があることによって日常生活活動が制限されること。内部障害は「見えない」けれど配慮が必要。

だったので，両親を頼り，説明なども一緒に聞いてもらいました。出産した赤ちゃんは見た目も他の赤ちゃんと様子が違ったので，生後2か月位は可愛いと思えませんでした。でも，双方の両親や父親は，子どもの誕生を喜び，とても可愛がってくれたので救われました。短命と聞いていたので，子どもの物が全て思い出の品となって残ることが恐ろしく，最初の数年は子ども用品を購入することを控え，敢えて増やしませんでした。今では心から可愛いと思えています。成長を楽しみに，将来の希望も見えてきました。

②知的障害，自閉症や注意欠如・多動性障害などの発達障害のケース

- インターネットなどの情報を連日調べては，我が子が当てはまるいくつもの点に気付き，涙にくれる毎日でした。夜も眠れず，誰にも話せず，家族に相談しても「思い過ごしだ。違うのではないか」と言われ，孤立感を募らせていました。何年もかかって，ようやく今の目の前の子どもの存在を受け入れられました。
- 幼稚園に入れようと思ったあたりで，他の子と違うと気付きました。気付くことができたので，あとはこの子の成長によいと思うことはみんなやろうと思い，後悔しないよう成長を見届けようと思いました。
- 幼稚園の入園を断られ，専門機関に行きました。いろいろなアドバイスを受け，検査するうちに，少しずつ今の子どもの姿と接し方を理解し，受け入れられるようになってきました。今までは「周りに迷惑をかけている」と思ってばかりいましたが，4年経過して，現在は成長を喜べるようになりました。

2　入園するまで

以上のように，障害のある子どもが生まれたことを，保護者は時間をかけて受け入れていくことになります。中には，園に入園する時点では，まだ「うちの子は○○ができないだけなのです。特に障害があるわけではありません」と言う保護者も少なくありません。入園し，他の子どもたちとの成長と違うという疑問がわきはじめ，我が子の個性を，ゆっくり受け入れていく家庭もあります。それは，知的な障害であろうと，身体に障害があろうと同様です。保護者

にとって，我が子はかけがえのない子どもであって，成長と共に改善されるという願望がどこかにあるのです。

子どもの障害を受容し，子どもや周囲の人たちと関係を築け，見事に成長していく親もいます。そういう保護者も人知れず，思い悩んでいることも想像できます。いつも笑顔で「生きていてくれればいいんです」と明るく話していた方が，成長過程の話をした時に「先は考えられないし，考えたくないから，誰とも共有はしたことがない」とはじめての涙を見せたことがありました。

大抵は，順調に山を登るようにはいかず「どうしてこの子が」と葛藤し，悩みながらの日々を送っていることを，私たちは寄り添いながら受けとめていく必要があります。なぜならば，その人の苦しみ，悲しみ，葛藤を代わることはできないからです。

園に障害のある子どもを受け入れるにあたって，障害の有無や障害名を確定する必要があるわけではありません。その子のありのままを受け入れ，まず家族の気持ちを知ることが大切です。障害の有無にかかわらず，生まれてから園に入るまでの期間が必ずあります。育児休業を取得する保護者の増加に伴って，生後約１年は家庭で過ごす時間があり，集団保育の場に来た時には，既に親子関係も少し構築できている頃となります。ですから，入園までの気持ちを推し量ることや，これから訪れる困難に一緒に寄り添っていく気持ちがまずは重要です。

3　受け入れにあたっての姿勢

保育所，幼稚園，認定こども園等を決めるにあたっては通常，保護者はいくつかの園を見学し，希望する園を自治体に申し込んだり，直接契約したりすることとなります。いざ集団保育へ，と期待を抱いて申し込みする点は，他の子どもの保護者と何ら変わりはありません。しかし，現状として残念ながら障害を理由に入園を断られる例もあります。ただでさえ複雑な思いを重ね，将来の不安を抱えている家庭にとって，温かく手を差しのべられるべきであるはずなのに，数多くの園に断られて，やっと入園が決まるケースや，最終的に入園できずに仕事をあきらめざるを得ないケースもあることは，今後の大きな課題といえます。

将来の保育界を背負っていく方々が，全ての園で障害のある子どもも，自分の暮らす地域の園に入園できる環境を作っていくことは不可欠であると思いますし，それを切に望んでいます。

4　入園が決定次第，受け入れる準備を整える

障害の有無にかかわらず，成育歴や発達の状態などの情報が必要なこと，保護者の願いなどを丁寧に聞き取ることが重要です。しかし，ここでもまた保護者の気持ちに立つことを忘れてはいけません。園側の構える気持ちが優先され，園長，担任，看護師などたくさんの職員に囲まれ，根掘り葉掘り聞かれることは，ただでさえこれから始まる新しい生活に不安を抱いている保護者にとって，疲れ果てる時間となってしまいます。面接では必要以上に園側の人数を増やさず温かく受け入れ，丁寧に話を聞くことが保護者のためであり，子どものためになることでしょう。その場で聞き取りたいけれど，聞きにくいこともあると思います。そういう時はあえてあせらずに，入園後，ゆっくり信頼関係を築きながら，保護者の心がほどけてきた頃に，聞き取りをお願いしてみてもよいのではないでしょうか。また，保護者以外から知らされる事実もあります。そのような場合には，その事実を話したくない保護者の気持ちに立ってみましょう。事実は事実として子どもにとって大事な情報ですが，頭の隅に置いておきたいと思います。園に預けるのだから何でも情報は知らせてくれるべき，と思いがちですが，それは誰に対しても誤りです。私たちは相手が誰であろうとも，話したくない気持ちも，受けとめることを大事にしていきたいと思います。そして，どんな話でも素直に話を聞いて受け入れる気持ちを忘れず接していきましょう。障害のある子どもの保護者であれば，なおさらでしょう。重複の障害を持って生まれた子どもの保護者が，障害を少なく伝えたこともあります。そんなことも保護者の気持ちを思えば理解していくべきことでしょう。

保護者がそういう気持ちであったことを受けとめて，時間をかけて信頼関係

を深め，いつか話してくれた時には誠実に受けとめ，前向きに捉えていきたいと思います。

入園にあたって自治体の障害福祉課や児童相談所，訪問看護や医療の現場など，多くの関係者を交えての情報共有の場などが必要なケースもあります。より広い視点で，その子どもや家族を支えるという心構えで情報を活用し，相談体制を整えていくことは重要です。

そして受け入れにあたって，その子の状態に合わせての活動内容はより慎重に考慮した方がよいでしょう。たとえば座位がとれるか，歩行が可能か，実年齢クラスで過ごすかどうかは，保護者と十分に話し合って決めることが望まれます。

5　入園後

入園してからしばらくは他の子同様，園での様子をより丁寧に保護者にお知らせすることを心掛けます。障害のある子どもたちにとって，環境の変化は身体にも心にも大きな負担だと思われます。そのことを誰よりも保護者の方が一番理解しているでしょう。心地よい場所となるまでは時間がかかるでしょうし，本来の個性とは違う姿を見せるかもしれません。保護者は日々の変化に一喜一憂するとは思いますが，その時のその姿で子どもの全てを決めるのではなく，長い目でゆっくりと成長を待ちたいということもお伝えしましょう。その子なりのペースで成長していくことは障害があってもなくても同じです。些細な変化もお伝えし，保護者の気持ちが安定して子どもの成長を一緒に喜べるよう心掛けましょう。

2　みんなの中での育ち

障害のある子どもを受け入れて，みんなが共に育つ保育を行い，園からの巣立ちを見送り，と繰り返していくうちに保育者はたくさんのことを学べます。

障害のある子どもが在宅で育つだけでなく，集団保育に入り，他の子どもたちと共に過ごすことは，障害のある子ども本人と家族にとってどのような意味があると思いますか。実際の例を挙げながら学んでいきましょう。

異年齢混合保育を実施している園が全国的に増えてきました。縦割り保育と呼ばれる異年齢混合保育では，年下の子が年上の子の遊ぶ真似をしてみたり，子ども同士で喧嘩の仲裁をしたり，5歳児が0歳児のお世話をするほほえましい姿などが日々たくさんみられます。そんな中，障害のある子どもたちが助けてほしいと思っていることを他の子どもたちが自然に気付き，共に過ごしていくことは本当に意義があることです。このような保育環境の中で，我が子が育っていく様子を見てうれしさを感じられたら，親子にとって幸せなことだと思います。

たとえば，ある保育園では障害のある子どもたちとその周囲の子どもたちが共に過ごす時，次のような姿がみられました。

- 気管切開している子どもの痰が絡んでいる音を聞き分け，職員に「○○ちゃんがゴロゴロだから（痰が絡んでいるから）お願い」と喀痰吸引[＊3]のタイミングを知らせてくれた。
- 重度の脳性麻痺[＊4]の子どもの機嫌が悪いと，「暑いのかな」「喉乾いているのかな」と，窓を開けてくれたり，水を飲ませてくれたりした。
- 難聴の子どもが自分の補聴器を耳から取って投げると，拾って，なだめながら装着するお手伝いをしてくれた。
- 縦割りクラスの子ども同士のミーティングで，全員の意見を集約することになり，発語が難しい子どもの順番になった時，「○○君は○○が好きなんじゃない」とその子の気持ちを代弁する子がいた。
- 入室を渋っていた自閉症の子どもに，同じクラスの友だちが，その子のお気に入りの遊具を持って玄関にお迎えに行くと，うれしくなってスムーズに入室できた。

＊3　**喀痰吸引**：気管に入りこんだ異物をチューブによって外部に吸引すること。気管は常に内部の分泌物を喉頭へ向けて痰として排出しており，気管切開をしている場合は吸引が必要。

＊4　**脳性麻痺**：受精から生後4週頃までの間に何らかの原因で受けた脳の損傷によって引き起こされる運動機能の障害を示す症候群。運動や姿勢に影響を与える一連の状態を指している。運動を司る脳の一部分，またはそれ以上が損傷すると人は筋肉を正常に動かすことができなくなる。

- 身体が不自由で椅子に座って食事をすることが難しいＡちゃんが，仲良しの友だちと一緒に食事したいために，友だちが自らＡちゃんの側に移動し，床に座って目線を合わせて食事を始めた。Ａちゃんの所に複数の子どもたちが何度も訪れて共に食事をしていくうちに，Ａちゃん以外の障害のある子どもたちともすっかり仲良くなった。食事以外の時間も一緒に遊んで過ごし，表情で自分の気持ちを表すなど，よりかかわりを深められるようになった。

このようにおとなも教えられるようなことがたくさんあります。共に育つ園ですから，たとえば喧嘩なども容赦なく本気です。その子の状態に合わせてですが，対等にコミュニケーションがとれる相手なら，たとえ気管切開している子どもが相手でも，「〇〇ちゃんだって許さない」と対等にかかわり，ルール違反は譲りません。そのあたりは，本物のインクルーシブ保育[＊5]だと，障害のある子ども本人も見守っているおとなも身をもって知ることになります。

そして職員間の連携ですが，医療的ケアを必要とする子どもの受け入れにあたって，看護師との連携はもちろん欠かせません。経鼻経管栄養[＊6]の注入や，繰り返し発作を起こす重度のてんかん[＊7]のある子どもの見守りをしてもらうこともあります。

そして，喀痰吸引を行う資格は，保育者でも研修を受けることで取得することができます（喀痰吸引等研修[＊8]）。看護師のサポートは必要なこともありますが，保育者でも遠距離の散歩，遠足，お泊り保育などあらゆる機会に対応することができます。資格を持っている保育者がいれば，医療的ケアが足かせとなって条件つきの活動にならざるを得なかったり，制限されたりすることなく，医療

＊5　**インクルーシブ保育**：子どもの障害や国籍のような違いにかかわらず，どんな背景のある子どもも全て受け入れ，一人一人に必要なサポートを受けられるようにしながら共に育ち合う保育のこと。幼い頃から「個性」を認め合う環境に入ることで将来的に偏見や差別をうまない教育を目指している。実施している園は増えてきている。

＊6　**経鼻経管栄養**：鼻孔から栄養チューブを挿入し，食道を通って栄養チューブ先端を胃，もしくは小腸に留置し栄養を投与する方法。

＊7　**てんかん**：脳に起きる異常な神経活動（てんかん発作）を繰り返す脳の病気。年齢，性別，人種の関係なく発病する。第４章第２節３も参照。

＊8　**喀痰吸引の資格**：「痰の吸引等」実施に必要な知識，スキルを身に付ける研修。基本研修と実地研修にわかれていて両方研修することで医師の指示や看護師との連携の下「痰の吸引」「経管栄養」が実施できる。

的ケアを必要とする子どもが文字通り全てみんなと一緒にやりたいことを実現できます。園全体でのサポート体制が保護者にとっての安心材料の一つになるでしょう。

3 保護者へのサポート

保護者はどんなことを保育所，幼稚園，認定こども園に望んでいるのでしょうか。どんなサポートが親子にとって必要だと思いますか。一人一人異なる要望はあると思いますが，大切だと思われるキーワードを挙げてみました。必ずしも全てのケースに当てはまることではありません。あくまでも，目の前の保護者の立場に立って，気持ちに寄り添っていくことを忘れないようにしていきたいものです。

1 保護者からみた大事なポイント

まずは何を話しても受けとめてくれ，共感してくれることが大切になります。「ただ，聞いてくれるだけでよいのです」という声が多くの保護者から聞かれます。子どもの成長や変化を一緒に喜び，困った時，相談したい時に話を聞いてくれることを保護者は望んでいる傾向にあります。何かアドバイスをしなければいけないというよりも，関心をもって聞いてくれることにこそ保護者は安心するでしょう。

そして子どものありのままを受けとめてくれることも大切です。保護者が困っていることを共感しながら，その子のよい所を捉え，肯定的に伝えていくことが，保護者の困り感からの救いとなりえます。その子らしさを大切にし，その子の興味の向くことを丁寧に捉えることで「このままでもよい」と思えることにつながります。

また，子どもにとって適切な保育環境を作ってくれることも大切です。保育所，幼稚園，認定こども園で我が子がその子らしく過ごしている様子は保護者にとって安心感につながります。また我が子だけでなく，全ての子どもの個性を大切にしている姿勢が，特別扱いではなく，より一層居心地のよさにつながるのではないかと思います。

2　保育者にとっての大事なポイント

まずは，子どもを肯定的に理解することです。その子の成長しようとする姿を真摯に応援し，保育者自身も成長への願いをこめて，発達の見通しを立てていきます。その子の気持ちに共感することからいろいろな成長に気付けることと思います。

そして保護者の気持ちや置かれている状況をイメージして共感することです。その時々の保護者の心情，葛藤，揺れ動く気持ちに思いを馳せ，支援のタイミングを見計らうことが重要です。家族関係や勤務状況，子育てをしていく上での困難さなどに気付き，必要とあれば専門機関を紹介するなど，多角的な面からのアプローチは欠かせません。

また，保育内容，支援の方法を子どもや保護者から学ぶことも大切です。自分たちの保育や支援の方向について，これでよいのかと常に考え，専門職[*9]など，より客観的に見て判断できる人との連携や検討も大事です。しかし，一番よい方法を教えてくれるのは，その子どもや保護者に他なりません。誰よりもその子と保護者のための支援であることを忘れないでおきましょう。

4　周囲の保護者の理解

療育の場や病院，障害のある子どもを持つ親の会など，同じような境遇の子どもたちがいる場では，保護者も共感できる機会を多くもてると思います。しかし，就労やその他の理由で，あえて障害のない子どもも通う保育所，幼稚園，認定こども園を選択して入園すると，上記のように障害のない子どもとともに

＊9　**専門職**：専門性を必要とする職のことであり，ここでいう専門職とは看護師，臨床心理士，臨床発達心理士，公認心理師，言語聴覚士，作業療法士，理学療法士，視能訓練士，その他の医療専門職を指す。

成長でき，より一般社会に近い環境で過ごせる反面，保護者にとっては，ともすれば孤立感を感じることになりかねません。

そのような状況に陥らないために，どのような配慮や手立てが必要でしょうか。日頃の配慮としては，やはりコミュニケーションをとることが重要です。どんな家族でも入園直後は緊張しているので，緊張をゆっくりほぐし，親子共に安心して通えるようにする配慮が必要です。障害のある子どもの保護者とは一段とかかわりを丁寧にしていく必要があり，孤立しないように，保育所，幼稚園，認定こども園全体で支えているという意識をもってかかわりましょう。

以下に，保育所，幼稚園，認定こども園が障害のある子どもの保護者と周囲の保護者との架け橋となる例を挙げますが，このエピソードのような特別な機会だけでなく，送迎時のやりとりに複数の保護者を交えて，たわいもない話から会話をつなげることも必要です。普段のさりげない機会を大事に，溶け込める雰囲気を作り働きかけられれば，笑顔も増えることでしょう。

エピソード 1　懇談会

年度初めの園の懇談会では，保護者が自己紹介することがあります。障害のある子どもを育てている保護者にとって，自分の子どもの紹介は多少なりとも，勇気のいる瞬間だと思います。「我が家の息子は耳が聞こえません。みなさんのお子さんの会話は聞こえないのですが，それでもみんなと一緒に散歩に行くことは大好きなのです」と涙ながらに話される方もいますし，「うちの娘はダウン症ですが，できることもたくさんあります」「○○の母です。よろしくお願いします」と緊張した表情で障害を受け入れきれない苦悩を感じさせる方もいます。重い障害のある子どもを他の保護者が見えるように抱いて「この子が○○です。みなさんにお世話になることもあると思いますが，たくさん楽しんでほしいです」とみんなが和むような雰囲気になることもあります。周囲の保護者が話を聞いて気持ちを推し量り，時間をかけて理解しながらともに過ごすことを，ゆっくりと受け入れていくことが大切です。

エピソード2　運動会

障害のある子どもも一緒に楽しめる運動会を想像してみてください。どんな内容をイメージしますか。肢体不自由の子どもがみんなと一緒にかけっこやリレーに参加する時，ベビーカーや歩行器を押してくれる友だちがいたり，保護者や保育者が足の上にその子の足を乗せ，一緒に走ったりすることもありました。視覚に障害がある子どもには音が聞こえるような楽器で行き先がわかるようにし，聴覚に障害がある子どもには絵カードなどで示してみました。知的障害や情緒面で不安な子どもにとっても，同じく楽しめる場にするためには，内容をわかりやすいように伝えることや周りの友だちの誘いもありがたいです。練習段階ではとても楽しそうに参加していた歩行困難な子が，当日になって「僕は走れないからやらない」と泣いて訴えたこともありました。そんな時，周りのみんながその姿を見て切ない気持ちになったこともあり，忘れられない場面です。競技に参加することだけが目的ではなく，園で過ごす中での様々な経験の一つであることを念頭に，保育者だけでなく，周りの子どもたちも一緒に考えて，合理的な配慮[*10]のある行事にしたいものです。

エピソード3　障害のある子どもを育てている家族の話を聞く会

障害のある子どもを受け入れてインクルーシブ保育を進めていると，保護者の気持ちや経験を聞く機会があります。そんな時に保育者が感じた思いを他の保護者とも共有するとよいのではないかと，「○○ちゃんの成長」をみんなで聞く機会を企画して開催しました。園の保護者，職員だけでなく児童発達支援センターや子どもにかかわる他事業所の関係者なども声を掛けたら参加してくれました。生まれてきた瞬間から今まで育ててきた話を聞いて，参加した方たちとやりとりをします。子育てに悩んで子どもを毎日怒ってばかりだった，と涙にくれながら感想を話す園の保護者がいたり，同じような境遇の保護者が勇気づけられたと話したり，関係機関の職

＊10　**合理的な配慮**：障害のある人から，一人一人の特性や場面に応じて発生する障害，困難さをとりのぞくために，「配慮する側の負担が重すぎない範囲」で対応すること。第8章も参照。

員がよりその子のことを深く知ることができたと語ってくれたり，各自がその後の人生にかかわる有意義な時間をもつことができました。何より，園の職員がとても深く学べる機会となります。園に入園するまでの家族の物語や園外での子どもを取り巻く様々な環境や経験，そんな全てがあり，家族が成長していることを学び，改めて応援する気持ちがこみあげてくるのです。

エピソード4　いろいろな行事

その他にも園内はもちろん，園外の方たちとかかわれる行事に障害のある子どもも含め，家族も巻き込んで開催したり，参加してもらうこともあります。

たとえば，障害のある人たちも共に参加する外部の音楽イベントなどにも参加しました。障害のある子どもだけでなく大人の障害のある人とも身近に接し，共に行事を楽しむことにより，世の中にはいろいろな人がいることを知ることができます。それぞれの人がいろいろな方法で人生を楽しんでいる姿を見て感じ，勇気をもらえる機会にもなりました。

他にも夏まつり，夕涼み会など園内の行事を通して，保護者を巻き込み，一緒に準備していく段階で，障害のある子どもを持つ家族も参加してくれています。当日も保護者は，障害のある子どもも含めて，我が子だけでなく他の子どもとも一緒にかかわっていく流れとなり，自然といつのまにかゆるやかに溶け込んでいく，そんな状況になっていく姿を見ることができました。

5 人間対人間のおつきあい

子どもは大事だけれど自分も大事にしたいという保護者の気持ちを，保育者が理解することは大切なことなのではないでしょうか。障害のある子どもの親であるというだけでなく，一人の人として「自分がある」ことを意識していきましょう。人間対人間の付き合いから生まれる真摯な関係や，共通の趣味を語り合うなどの余裕があると，よい関係を築いていけるのではないでしょうか。

「障害のある子どもの親であるということは責任が重いことである」という思いが，ずっと保護者の重荷になっているように感じることがあります。その重荷は保護者自らの力で軽くすることもできるし，周りにいる人たちが軽くしてあげることもできるのではないでしょうか。「外に出たら風が吹いて気持ちよい」「ニコッと笑ったら心がほっこりする」「お友だちと一緒に遊ぶのは楽しいなぁ」そんなことを障害のある子どもがふと気付いてくれて，保護者もうれしくなれたら私たち保育者も共に喜び合えると思うのです。

障害があることに対して，別によいのではないかという気持ちと，やっぱり障害がないに越したことはない，とつい思ってしまう後ろめたい気持ちが混沌としている保護者の思いがあります。「親こそ最大の差別者である」という障害当事者からの言葉に真摯に耳を傾け，そんな葛藤からも目を背けずに私たち保育者も保護者も共に向き合っていくことが大事だと思います。

障害があってもそうでなくても，子どもたちがその子らしくのびやかに暮らせるような，そんな社会であるためには，障害のある子どもの親が，その人らしくのびやかに暮らせるような社会でなければならないと思います。園という場所が少しでもその助けになるように，そして将来の社会への働きかけの手助けとなるように願っています。

まとめ

本章では，障害のある子どもを園で受け入れていくために，保護者との連携が重要という点について，学びました。少しの工夫が必要になるだけで障害のある子どもを保育することは特別なことではありません。障害があっても，なくても大事にすることは同じで，その子自身を大切に思い，支援してほしいことをお手伝いするのみです。そんな姿勢が障害を障害と思わず，その人らしさとしてこの人生を楽しめる方向に向けていけるのだと思います。そんな思いを保護者に向けて発信し，保護者とともに子どもの成長を喜び，楽しめることは，保育者として豊かな経験となることでしょう。障害のある子どもを育てる家庭も子育てを楽しめるよう，社会全体が温かく見守っていくことを願っています。

さらに学びたい人のために

○全国障害者生活支援研究会（サポート研）（編）『障害のある人のお母さん100人に聞きました――知的障害のある子どもを育てる』同研究会ライフサイクル支援研究委員会，2002年。

障害のある子どもを持った家族や障害児・者支援にかかわっている人へ，当事者である家族からの応援メッセージの本です。障害のある人たちやその家族が安心して生活できる社会を作り出すための課題に気付かされます。

○ぽれぽれくらぶ『今どき　しょうがい児の母親物語』ぶどう社，1995年。

障害があっても，子どもたちがその子らしくのびやかに暮らせるような，そんな社会であるためには，母親もその人らしくのびやかに暮らせるような社会でなければならない。そんな当たり前のことが大事なのです。

○野辺明子・加部一彦・横尾京子（編）『障害をもつ子を産むということ――19人の体験』中央法規出版，1999年。

障害を持って生まれた子どもや，生後障害がわかった子どもの保護者が自分の体験を綴った内容です。いろいろな家族の気持ちを知り，想像していくことが，寄り添えるきっかけとなり得る本です。

第11章

児童発達支援でのかかわりと育ち

● ● ● 学びのポイント ● ● ●

- 児童発達支援とは何か，その目的と概念について学ぶ。
- 児童発達支援機関の機能や専門性と支援の実際について学ぶ。
- 保育者として，児童発達支援機関と連携する時の配慮点について学ぶ。

WORK　障害のある子どもへの支援って何だろう？

「３歳のＲちゃんは，障害があるために手先が不器用で，朝の身支度の際に，タオルについている輪をうまくフックにかけることができません。あなたがＲちゃんの保育者だったらどうしますか？」という問いに対して，３人の保育学生は次のように考えました。

Ａさん：「何度も練習させてできるようにさせてあげるのが保育者の務めだと思うし，できるようになることでＲちゃんもきっとうれしいよ」

Ｂさん：「でも障害があるんだよ。練習したからってできるようになるとは限らないよね。私はできないことは保育者が手伝ってあげればいいと思う」

Ｃさん：「不器用っていうことは手先がまったく使えないわけじゃないと思う。フックやタオルの輪を工夫して，Ｒちゃんが自分でできるようにしたらどうかな」

さて，あなたはどう思いますか？　以下のような点を含めて話し合ってみましょう（グループに分かれて話し合う：20分，発表：各グループ５分）。

①　みんなと同じフックやタオルの輪を使うことはＲちゃんにとってどれだけ大切か。

②　みんなと同じようにタオル掛けができるようになることはＲちゃんにとってどれだけ大切か。

③　子どもができないことを保育者に代わりにやってもらうことは，Ｒちゃんにとってどのような意味があるか。

④　今後のＲちゃんの育ちを考えた時に，幼児期に優先すべき支援は何か。

●導　入●●●●●●●

障害をはじめとして，特別な発達支援ニーズのある子どもたちの支援には，様々な専門機関・関係機関との連携が重要になります。連携とは，専門機関をただ保護者に紹介したり，子どもが通うように仕向けることでは決してありません。保育者としては，子どもや保護者が専門機関で必要なサービスを受けられることの支援をするだけではなく，何よりも子どもが１日過ごす場所である保育所，幼稚園，認定こども園における支援を，その子どもにとってよりよいものにしていくための専門機関との連携であるべきです。そのためには，専門機関がどのような機能をもち，どのようなスタッフが何を行っているところかを理解し，そことの有効な連携を検討できる専門性を保育者自身が育む必要があります。

1　障害のある子どもたちが通う機関について学ぶ

1　児童発達支援とは何か

障害のある子どもの障害の軽減や発達の援助を行うことは，古くから「療育」という言葉で言い表されてきた歴史があります。現在も「療育」や「療育センター」という言葉は一般では使われていますが，もともと「療育」は肢体不自由のある子どもの自立に向けた障害軽減の取り組み，つまり現在でいうリハビリテーションに近い概念から生まれてきています。また，「障害」の概念の広がりや，個別の支援が必要な子どものすそ野の広がりなどから，次第に「療育」という言葉や概念よりも「児童発達支援」という，より広い対象に対する，より幅広い支援を表すことば（概念）が使われるようになってきました。

2012年の児童福祉法の改正において，それまで「知的障害児通園施設」や「肢体不自由児通園施設」などと，障害種別に設置されていた通園施設が「児童発達支援センター」として一元化されました。同時に，児童デイサービス等の小規模な通所事業も含めて，「児童発達支援」を行う機関が主に未就学児の障害または特別な発達支援ニーズのある子どもの発達支援を行う施設として位置づけられました。

2017年に通達された厚生労働省の「児童発達支援ガイドライン」では，「児童発達支援は，障害のある子どもに対し，身体的・精神的機能の適正な発達を促し，日常生活及び社会生活を円滑に営めるようにするために行う，それぞれの障害の特性に応じた福祉的，心理的，教育的及び医療的な援助である。具体的には，障害のある子どものニーズに応じて，「発達支援（本人支援及び移行支援）」，「家族支援」及び「地域支援」を総合的に提供していくものである」とされています。つまり，「児童発達支援」とは，障害のある子どもを訓練して障害を軽減させるというような狭い概念ではなく，その子どもを育てる家族をも包括的に支援しながら，地域支援つまり，その子どもが地域で当たり前に生活していくためのインクルージョンを目指す，幅の広い支援なのです。

2　児童発達支援を担う機関

児童発達支援を担う機関のうち，未就学児を対象とするものはおもに以下の２つです。

○児童発達支援センター

前述したように，障害別だった通園施設が一元化されて児童発達支援センターになりました。ただ，センターにも，知的障害や発達障害のある子ども対象の福祉型と，医療機関をもち医療や医療による機能訓練の必要な肢体不自由のある子どもや重症心身障害のある子どもを対象とした医療型とがあります。児童発達支援センターは，後述する児童発達支援事業所よりも広域な地域を対象とし，専門スタッフも多くいます。その専門機能を生かし，地域に住む障害のある子どもや家族の相談や保育所等訪問支援[*1]等の事業を行う機能を有し，地域の障害児支援の中核となる機関です。

＊1　**保育所等訪問支援事業**：保護者の依頼により，保育所や幼稚園，学校等に通う障害のある子どもを対象とし，児童発達支援センターの職員等の専門家がそれらの施設を訪問し，集団生活への適応のための専門的な支援を行う事業。

○児童発達支援事業所

児童発達支援センターよりも小規模で，地域に密着した機関です。通所している子どもと家族に対する支援が中心となります。事業所の規模に応じて，児童発達支援センターと同様の相談事業や訪問支援を行っているところもあります。

これらの児童発達支援を担う機関は，そのニーズの増大に対応して急増しており，先の児童発達支援ガイドラインによると，2012年 4 月に1,700か所であったのが，2017年 1 月には4,700か所となっています。増加の背景には，もともと発達支援ニーズのある子どもの数より，支援を行う専門機関の数が絶対的に少ない実態があったこと，子どもの発達障害に関する知識が一般の人たちにも広がったことや児童発達支援というものが一般の人にも身近になったこと等が挙げられます。なお，2017年に厚生労働省が出した「障害福祉サービス等及び障害児通所支援等の円滑な実施を確保するための基本的な指針」には，2023年度末をめどに，市町村に一つずつの児童発達支援センターの設置が目指されています。発達に特別な支援が必要な子どもと家族にとって，安心して通える場所が地域にあることは非常に重要なことですが，これらの機関が急増したことから，その専門性のあり方や支援の質の確保が課題となっています。

これらの児童発達支援を行う機関では，基本的に小グループでの支援と個別の支援を行っています。また，毎日の通所を基本とするところや，幼稚園保育所との並行通所を行っているところもあります。

2 児童発達支援機関における支援の専門性

1　様々な専門職種

児童発達支援機関には，保育者や児童指導員のほかにも，障害の理解や支援，他機関と連携した包括的な支援を担うために次のような様々な専門職種が所属しています。

○医師・看護師：医療的検査に伴う診断や，医療的なケアを行います。

○理学療法士（PT）・作業療法士（OT）：姿勢や運動，手操作などの機能訓練や発達支援に携わる専門家です。作業療法士は，子どもの感覚や協応の専門家でもあります。
○言語聴覚士（ST）：聞こえ，言葉やコミュニケーションの専門家です。
○心理士（心理師）：子どもの発達全般や心理の専門家です。保護者の心理的支援を中心になって担っていることもあります。
○社会福祉士（ソーシャルワーカー）：社会的資源のネットワークを使って子どもと家族を支援する専門家です。

これらの専門職種と連携しながら，保育者・教師・児童指導員等が中心となって，対象となる子どもの心身の安心安全を確保しながら，日々の発達支援を行っているのです。

2　発達のアセスメントによる子どもの実態把握

障害のある，または特別な発達支援ニーズのある子どもたちは一人一人が非常に個性的です。同じ障害名をもっていても一人として同じ子どもはいません。生まれ持った個性と共に，障害の様相や程度，またこれまで経験してきたことの内容や，現在その子どもが置かれている環境によっても，その発達支援ニーズは大きく異なってきます。ですから，子どもの支援を考える時には，一人一人の子どもの実態把握を丁寧に行い，固有の発達支援ニーズを理解することが必要となります。児童発達支援を行う機関における実態把握を「アセスメント（発達アセスメント）」といいます。前述の各専門職種は，それぞれの専門に応じた方法で子どもと子どもを取り巻く環境に関する情報を集約し，実態把握していきます。収集の方法は，子どもの行動観察や保護者からの聴き取りもあれば，アセスメント用に開発されたツールもあります。

もっとも一般に知られたツールの一つに，心理士（心理師）の用いる「発達検査」「知能検査」があります。発達検査は，子どもの運動発達も含めた検査であるのに対し，知能検査は知能に特化した検査です。それぞれ，対象となる子どもの発達指数（DQ）や発達年齢（DA）や，知能指数（IQ）などがその子

表11－1　児童発達支援計画

氏名：A　　年齢：5歳10カ月　性別：男　　作成年月日○年○月○日		
長期目標	自ら積極的に環境（物，他児）に働きかけるようになり，自発的な活動が増える。	
項目	短期目標	支援内容（内容・留意点）
生活	部分的な援助で食事の片付けを自分でおこなう	鞄を開けて食事道具を入れる袋を鞄の中から探して取り出す援助→袋のチャックを一緒に探す援助→袋の中に食事道具を入れる間袋を固定して入れやすくする援助をおこなう。
	ひとりで上着を着る	頭部→左腕→右腕の順に毎回同じ手順で着るように援助する。頭部は入るまで部分的に援助する。
運動	体幹の保持力や上肢のパワーをアップする	相撲遊びでおとなの身体を両腕で押す。 椅子の後方を1cm 上げる。
	階段を1段ずつ調整しながらひとりで降りる	階段を降りる際，手すりを探すように援助する。「ゆっくり，そーっと」などの声掛けにより運動の調整を促す。
遊び	自発的に遊びを選び目的的に活動する	本児の棚にわかりやすい印を付け，興味のある音の出る遊具を用意して自ら遊びだすように工夫する。安心して遊べる場所を設定する。
	空間関係の理解が進む 見る力探す力が向上する	肘をコントロールする援助により，棒の方向を目と手で確認してから棒からリングを抜く遊びをおこなう。穴をよく触るように促し同じ大きさや形の立体を穴に入れる遊びをおこなう。
	手首の運動の調整力が高まる	いろいろな瓶の蓋を回してとる遊び，瓶を傾けて水を注ぐ遊びをおこなう。
言語・コミュニケーション	動詞を理解する	「○○しましょうゲーム（動詞ゲーム）」を楽しむ。
社会性	子どもとのやりとりを楽しむ	支援者が媒介して楽しいやりとりを経験する。 •帰りの会で友人の名前を呼び出席帳を返す。 •ごっこ遊びの中で「○○ください」「はい，どうぞ」「ありがとう」等のやりとりを経験する。
家庭	登園までの準備で自分でできる部分を増やす	本児のスキル習得のためにセンターの支援者と家族の援助方法を統一する。 本児がやりやすい家庭の物理的環境設定を支援者が一緒に考える。
幼稚園との連携	就学に向けて情報の共有をおこなう	保育所等訪問事業や連携会議を通して本児の状態像や支援の方向性について共通理解を進める。

出所：市川奈緒子・岡本仁美（編著）『発達が気になる子どもの療育・発達支援入門――目の前の子どもから学べる専門家を目指して』金子書房，2018年，p. 75。

どものもつ能力の目安（数値）として表されます。しかし，どのような発達検査，知能検査も子どもの能力の全てを表すものではありませんし，1回の検査で全てがわかるものでももちろんありません。また小さな子どもであれば，これらの数値が変化することもよくみられることです。保育所，幼稚園，認定こども園の保育者は，こうした数値を目にした時，参考にはしてもそれらは決定的かつ永続的なものではないことを認識すべきです。

3　児童発達支援計画

各専門職種によって行われた各種のアセスメントは，持ち寄られて子どもと子どもを取り巻く環境の全体像を職員間で把握し，保護者を含めた関係者で共通理解されます。そこから児童発達支援の機関における支援の目標と支援の内容・方法を決めていくものが児童発達支援計画です。児童発達支援ガイドラインでは，この計画は半年に1回の評価・見直しをすることになっており，この計画（P：plan）と実行（D：do），見直し（C：check），見直しに基づいた計画の修正（A：action）という，P－D－C－Aサイクルを実行することによる支援の質の向上が目指されています（表11－1）。

表11－1に挙げた児童発達支援計画ですが，このAくんは，視力の弱さと運動面の発達の未熟さがあり，知的な遅れのある子どもです。地域の幼稚園と児童発達支援の機関を並行通所しており，年長クラスの子どもということから，就学に向けての幼稚園との連携も視野に入れられています。

3　児童発達支援機関との連携

1　保護者と児童発達支援の機関

子どもの持つ障害自体や保護者の考え，家庭の事情は様々ですから，子どもと保護者が児童発達支援の機関にたどり着くルートも様々です。一般的に多いのは，1歳6か月児健康診査や3歳児健康診査等の乳幼児健康診査から紹介されるルート，保護者自身が気付いて各種の相談機関や医療機関に出向くルート，保育所，幼稚園，認定こども園から指摘されてつながるルート等です。

保育所等に入る前から児童発達支援の機関に通っている子どもの場合は，保護者の許可を得ることで，保育者は機関と連絡をすることができます。その際個人情報の取り扱いには十分な配慮が求められます。連絡を取る際には，いつ，どの職員が先方の誰とどのような目的で情報交換するのか，また保護者と共有している情報のうち，どこまでを伝えてよいのかを，あらかじめ保護者と確認して了承を得ることが基本になります。

入園時には，児童発達支援の機関には通っていなかったけれども，保育所，幼稚園，認定こども園に通ううちに，子どもの発達に気になる面が出てくる場合もあります。保護者も気にして，どこかに相談ができないか保育者に聞いてくる場合は，最寄りの児童発達支援の機関や，同じく発達の相談ができる他の機関を紹介することになりますが，往々にして，保育者は子どもの発達が気になるけれども，保護者は全く気にしていない（ように見える）という状況になることがあります。

こうした場合に，保育者が焦って保護者に児童発達支援の機関に行くように無理に勧めていくことで，保育者と保護者との関係を損なうことがみられます。子どもと家族にとってもっとも必要なことは，児童発達支援の機関に通うことそのものではなく，子どもと家族が安心して過ごせることです。まずは，子どもにとって毎日の保育が適切であるかを，繰り返し検討することです。子どもにとってよい保育をしてもらえていると保護者が感じられることで，保育所と保護者との信頼関係が結ばれ，児童発達支援の機関への紹介という次へのステップに進むことができます。

保護者の気持ちとしては，子どもの障害を認めたくないと共に，児童発達支援というよくわからない機関に対する不安も大きいのです。ですから，保育者自身が，児童発達支援の機関に出向いて，機関についての正確な情報をもち，当該の子どもにとって，機関に通うことのメリットを保護者に説明できることが重要となります。

2 児童発達支援の機関との連携のポイント

児童発達支援計画を見ると理解できるように，児童発達支援の機関で行うアセスメントや支援の情報には，保育所でも役立つことが数多くあります。保育所と児童発達支援の機関を子どもが並行通所している場合，保護者の承諾をとって，積極的に連絡を取り合うことが必要です。特に次のような情報は保育者が知っておきたいものです。

- 支援の目標と方法：これは保護者の許可をとって，児童発達支援計画を見せてもらうことができればなお理解しやすいでしょう。
- 支援の曜日・時間・回数・担当者（職種）
- 保育所で配慮すべきこと

児童発達支援の機関で支援できることと，保育所，幼稚園，認定こども園で支援できることは異なり，保育所等でこそ支援できることはたくさんあります。専門機関からもらったヒントを保育に有効に生かしたいものです。また，保育所等における子どもに関する情報は児童発達支援の機関における支援にも役立つことでしょう。

4 児童発達支援の機関と連携した支援の実際

では，児童発達支援の機関と連携しながらの保育所における支援の事例について見てみましょう（ここに出ている事例は，複数の事例を合わせた架空のものです）。

エピソード1　ダウン症を持つTちゃん

ダウン症（ダウン症候群）とは，染色体の異常で起こってくる，知的な遅れや運動発達，言葉の遅れ等のある障害です。顔貌や身体に特徴のあることから，多くの場合，生後まもなく医療者によって気付かれ，診断に至ります。Tちゃんもそうでした。0歳児のころから早期の児童発達支援を行っている児童発達支援センターに通い，運動や遊びの個別の支援と，親子で通う小グループの支援を受けてきました。そして，3歳になって保育所に入園し，月に1回の個別の支援を並行して児童発達支援センターで受けることになりました。

Tちゃんは人が大好きで，友だちにも自分からアプローチをします。まねっこやダンスが大好きで，みんなの中に入って体を動かします。ただ，体が小さく，運動発達もゆっくりであるため，周りの子どもたちと同じスピードでは動けません。また，はっきりした言葉がないため，コミュニケーションは抱きついたり叩いたりなどの直接行動が多くなりがちでした。周りの子どもたちはTちゃんの行動がゆっくりであることに比較的早く気付き，中にはTちゃんのお世話係を自任する子どもも出てきました。そうした子どもたちは，Tちゃんが自分でやろうとしていることを，お手伝いの気持ちで先にやってしまい，結果Tちゃんが怒ってしまうこともありました。

担任保育者は，子どもたちを集めて，ロールプレイをして見せながら，自分がやろうとしていることを，人が先にやってしまったらどう思うかなと，子どもたちに投げかけました。「いやだ！」「自分でやりたい」という声が出てきて，ではどうしてもらうとうれしいかな？　と投げかけた保育者の言葉に，子どもたちは「いっぱい待ってあげる」というやり方を考えたのでした。そうした話し合いから，Tちゃんのそばで辛抱強く待つ子どもたちの姿が見られるようになりました。

Tちゃんが言葉の代わりに使える手段がないものかと探していた保育者は，Tちゃんが通っていた児童発達支援センターのスタッフから「サイン言語」というものを教わりました。これは，簡単な身振りを言葉の代わり，または言葉と共に使って，人に伝えるものです。保育者はさっそくTちゃんの母親と相談して，もともとTちゃんが持っていた「やって」「おしまい」「いっしょに」の3つのサインをクラスに導入し，子どもたち全員にも伝えました。Tちゃん以外の子どもも面白がって使うようになると，それまで持っていたサインをほとんど使わなかったTちゃんも，積極的にサインを使うようになりました。

また，Tちゃんが小柄なために，どうしても椅子と机のサイズがからだに合わず，座った時に脚がぶらぶらしてしまうことも，保育者は気になっていました。そこで，センターに相談し，保育所の椅子の脚に足台をつけてみました。Tちゃんは足台に足をつけて安定して食事や活動ができるようになり，保護者も大変喜んでくれました。

言葉や身体の発達がゆっくりである子どもが入園してきた時に，「言葉がないから仕方ないね」というふうに考えてしまうのではなく，その子どもなりに快適に楽しく毎日が送れるように考えていくのが保育者の専門性です。言葉がなかなか出てこない時に，子どもは直接行動で気持ちを表さざるを得なくなり，そのままだと周りの子どもたちから「乱暴な子ども」とレッテルを貼られてしまうことになりかねません。その子どもの使えるコミュニケーションスキルを検討していくことが必要になりますが，そうした専門知識を児童発達支援の機関と密に連携して，適宜取り入れていくことが役に立ちます。

また，Tちゃんのように，周りから行動がゆっくりだと理解できるような子どもの場合，お世話係の子どもが出てくることがよくあります。「人のお手伝いをすることはよいこと」という概念が芽生えてくるころだからです。そこで，ただただ手伝うのではなく，相手の意思を確認しながら，手伝うかどうかを検討していくことは，幼い子どもたちにはかなり難しいことではありますが，相手の気持ちを理解したり，ひとを思いやるとはどういうことかを学ぶ大切な機会になります。

エピソード2　児童発達支援の機関に通うことをためらったGくんの保護者

Gくんは，０歳から保育所に通ってきていた男の子です。０歳のころから保育者に対してあまり甘えないことや，新しい場面に慣れにくく，感覚にも過敏なところが見られるところが，保育者は気になっていました。１歳児クラスになり，言葉がなかなか出てこないだけではなく，人にあまり興味をもたず，電車に没頭しているGくんの様子に保育者の心配はますます募りました。そこで，母親との面談の中で保育者は，園の中でのGくんの様子を伝えた上で，地域にある児童発達支援センターの紹介をしました。ところが母親の表情は硬く，その返事は，３歳までは様子を見たいというものでした。

そこで，園全体でGくんに関してのカンファレンスを開き，Gくんの特徴として，まだ言葉はなかなか理解しにくいこと，電車の絵本は大好きで，どこに何が描いてあるのかをよく憶えているなど，見たものの記憶力はよいこと，また，自分からは保育者に来ないけれどもくすぐり遊びは好きなこと，においや触覚に過敏さがあることが共通理解できました。そして，まずはくすぐり遊びを中心に，保育者と遊んで楽しい，またやってほしいという気持ちやその要求手段を育てること，苦手なお集りで，Gくんの好きな電車の活動を1つは入れて，注目しやすくすること，トイレットトレーニングで，便器の肌にあたる触感に配慮することなどの，園でできる配慮点について話し合われました。そうした配慮が少しずつ実を結んできたころ，保育者は地域の児童発達支援センターに見学に行きました。センターでは，Gくんのように，一人遊びが多く言葉をもたない子どもがたくさん通っており，その子どもたちに対して，スタッフは絵カードや写真カード，身振りなどを用いてコミュニケーションを図っていました。保育者は，さっそくGくんに給食やトイレなど，次の活動の見通しを写真で伝えることを試みてみました。

その年の終わりごろ，母親から「待っていたが言葉が出てこない」という相談がありました。保育者は，これまでの園における試みと，見学に行った児童発達支援センターの様子を話しました。すると，母親は泣き始め，「先生方がGのことについて一生懸命やってくださっていたのはわかっていた。でも，怖くて相談できなかった」と，思いを打ち明けてくれました。

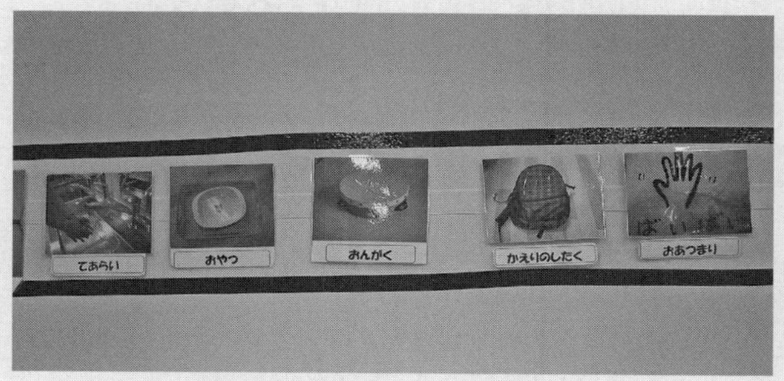

写真11－1　スケジュールボード

出所：筆者撮影。

その後，Gくんは週に１回児童発達支援センターに通い始めました。センターでは，Gくんのように，見て理解したり憶えることが得意な子どもへの配慮として様々な視覚支援を行っています。保育者はそれらを参考にしながら，園でできる視覚支援を試行錯誤しています。先日は，簡単なスケジュールボードを作成してみました（写真11-1）。初めて使ったのに，Gくんはよく理解し，自分から次は何かなと見に来る様子が見られました。

Gくんのように，周りから障害があるかどうかわかりにくい子どもの場合，保護者の障害受容や認識はとくに遅れがちになります。そこで大切なのは，保護者を無理に説得して児童発達支援の機関に送ることではなく，園の中でできるだけの配慮をして，子どもの発達支援をすることです。そうすることで，子どもの成長をサポートできるだけでなく，保護者との信頼関係を紡ぐことができるのです。

まとめ

本章では，児童発達支援を担う専門機関での支援について取り上げました。一般に，保育所，幼稚園，認定こども園の保育者には「児童発達支援機関は専門機関である」「保育所は専門機関ではない」「だから早く専門機関につながないといけない」という思考の連鎖があります。しかし，どのような障害のある子どもにも，園でできるサポートはありますし，保育者は，児童発達支援機関とは異なる専門性をもつ専門家です。お互いをよく知ることで，お互いに学び合いながら，子どもと家族にとって居場所のよい地域作りを担っていけたらと思います。

さらに学びたい人のために

○市川奈緒子『気になる子の本当の発達支援（新版）（これからの保育シリーズ３）』風鳴舎，2016年。

保育者の視点から，保護者支援と児童発達支援の機関との連携についてわかりやすく解説されています。

○市川奈緒子・岡本仁美（編著）『発達が気になる子どもの療育・発達支援入門——目の前の子どもから学べる専門家を目指して』金子書房，2018年。

児童発達支援の現場では，どのような専門家が何を目指し，どのような支援を行っているのか，または行うべきなのかを，具体例を交えながら解説した本です。現在の児童発達支援の現状と内容，課題の基本的なことはほぼ網羅されています。

第12章

小学校等との接続

学びのポイント

- 小学校で障害のある子どもを受け入れる体制がどのようになっているかを学ぶ。
- 小学校段階の障害のある子どもの学びや生活の場がどのようになっているのかを学ぶ。
- 就学先を決定する仕組みはどのようになっているか，就学支援の進め方はどのようにしたらよいかについて学ぶ。

WORK 就学を迎える頃や小学校の頃を思い出して考えてみよう

1．個人でメモを作成して（5分）グループで話し合う（15分）

自分自身の幼児期を思い出してください。小学校への入学について楽しみにしていたことはどんなことでしょうか。心配や不安に思っていたことはどんなことでしょうか。

2．グループで話し合う（20分）

自分自身の小学生の頃を思い出してください。同級生に障害のある子どもはいましたか。もしもいたとしたら，その子どもと遊んだことはありましたか。また，その頃，その子どもについてどのような思いをもっていましたか。

導　入

小学校への就学は，どの子どもにとっても，どの保護者にとっても大きな節目になります。さらに，障害のある子どもの場合，通常の学級とは異なる選択肢を視野に入れなくてはならないことがあるため，大きな不安や悩みを抱く保護者がいます。就学先をめぐって保護者と園との間で意見が異なることもあるでしょう。園としては子どものために良かれと思って子どもの実態や支援内容等を小学校に伝えようとしても，保護者がそれを望まないこともあります。このような状況の相談は苦しく，場合によっては長期にわたるかもしれません。しかし，親子が安心して就学を迎えるために必要な時間であるともいえるでしょう。丁寧に相談を積み重ねながら，子どもや保護者が納得できる答えを見つけていけることを願っています。

本章では，障害のある子どもや保護者が安心して就学を迎えることができ，小学校就学後の子どもが学びやすく生活しやすくなるために園や保育者にできることについて学びます。

1　障害のある子どもを受け入れる小学校の体制

1　特別支援教育という考え方

障害のある子どもの教育は，かつて特殊教育と呼ばれていました。障害の種類や程度に応じた「特別の教育」を養護学校とか特殊学級と呼ばれる「特別な場」で行うことを基本としていました。

現在，障害のある子どもの教育は「特別支援教育」と呼ばれています。それは，2007年に学校教育法が一部改正され「特殊教育」から「特別支援教育」への転換が行われたことによります。特別支援教育の考え方については，同年に出された文部科学省初等中等教育局長通知にわかりやすく示されました[*1]。

特別支援教育は，障害のある幼児児童生徒の**自立や社会参加に向けた主体的な**

＊1　文部科学省「特別支援教育の推進について（通知）」（文部科学省初等中等教育局長通知第125号）2007年。強調のための太字表記は筆者による。

> **取組**を支援するという視点に立ち，**幼児児童生徒一人一人の教育的ニーズを把握**し，その持てる力を高め，**生活や学習上の困難を改善又は克服する**ため，適切な指導及び必要な支援を行うものである。
> 　また，特別支援教育は，これまでの特殊教育の対象の障害だけでなく，知的な遅れのない**発達障害も含めて，特別な支援を必要とする幼児児童生徒が在籍する全ての学校において実施**されるものである。
> 　さらに，特別支援教育は，障害のある幼児児童生徒への教育にとどまらず，**障害の有無やその他の個々の違いを認識しつつ様々な人々が生き生きと活躍できる共生社会の形成の基礎**となるものであり，我が国の現在及び将来の社会にとって重要な意味を持っている。

この中で，特に重要なのは，通常の学級にも特別な支援が必要な子どもが在籍していること，そして，全ての学校（幼稚園も含む。以下同じ）において，子どもたちの実態把握や支援を適切に行うことが必要であることを示したことにあります。また，障害がない子どもについても，お互いの違いを認め合える人となり，障害のある人などと共に学び生活することができる人，つまり共生社会の担い手となるような教育を目指すことが示されています。こうしたことが特殊教育の時代とは大きく異なる点です[*2]。

2　障害のある子どもを受け入れるための体制整備

上の通知では，各学校において，特別支援教育の考え方を実現するために，障害のある，なしにかかわらず，様々な子どもを受け入れるための体制を整備することを求めています。その基本になるのが以下の6項目です。

- 特別支援教育に関する校内委員会の設置
- 幼児児童生徒の実態把握
- 特別支援教育コーディネーターの指名
- 関係機関との連携を図った「個別の教育支援計画」の策定と活用
- 「個別の指導計画」の作成

＊2　前掲＊1。

• 教員の専門性の向上

特別支援教育の体制を整備し推進する上で校長のリーダーシップが重要であるのはいうまでもありません。校長のリーダーシップの下，実際に体制を動かしていくのが特別支援教育コーディネーターです。

特別支援教育コーディネーターは，各学校の特別支援教育を推進するため，特別支援教育に関する校内委員会や校内研修の企画や運営，障害のある子どもに関連する様々な機関や学校，保育所，認定こども園，幼稚園などとの連絡や調整，保護者からの相談窓口などの役割を担っています。就学にあたって各園からの相談窓口になるのも特別支援教育コーディネーターです。また，特別支援教育の園内研修等で特別支援学校が持つ専門性を活用したいという際にも特別支援教育コーディネーターが窓口になっています。園や学校間の様々な連携の窓口ですから，各園の就学先の小学校や近隣の特別支援学校の特別支援教育コーディネーターとは，日常的な連携が大切です。また，保育所，認定こども園，幼稚園においても，特別支援教育コーディネーターまたは，同様の役割を担う人を指名するなどして，連携がスムーズに進むようにすることが求められています。

なお，特別支援教育コーディネーターは，各学校の教諭の中から指名されるものであり，通常の学級や特別支援学級の担任や通級指導教室の担当としての仕事をしながら，特別支援教育コーディネーターとしての仕事を行っていることがほとんどです。公立小学校ではほぼすべての学校で特別支援教育コーディネーターが指名されています[*3]。

2　小学校段階における学びや生活の場

1　障害のある子どもの学びや生活の場の現状

障害のある子どもの小学校段階の就学先としては，小学校の通常の学級のほ

＊3　文部科学省「平成30年度　特別支援教育に関する調査」2018年では，99.9%。

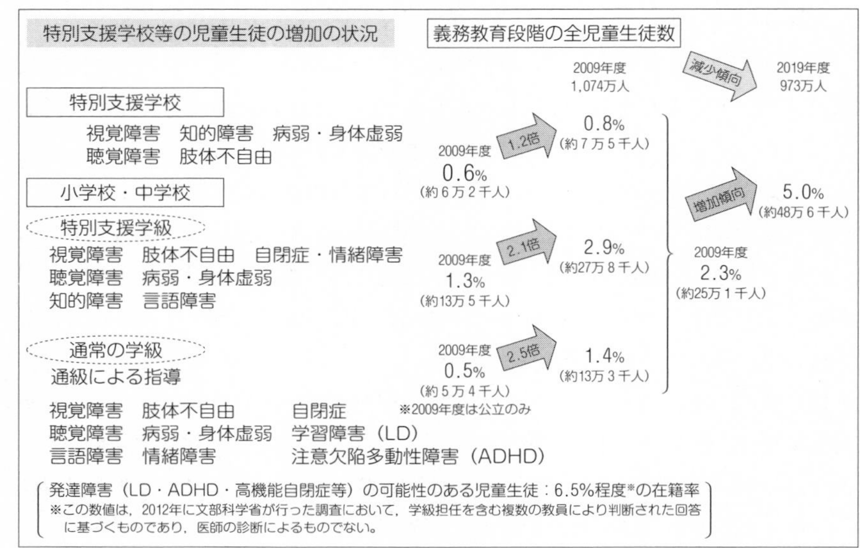

図12－1　特別支援学校等の児童生徒の増加の状況

出所：文部科学省「特別支援教育の現状と課題について」p. 6をもとに作成。

かに，特別支援学校の小学部，小学校の特別支援学級があります。また，小学校の通常の学級に在籍してほとんどの時間を通常の学級で学んだり生活したりしながら，小学校や特別支援学校に設置されている通級指導教室で，特別の指導である「通級による指導」を受けることもできます。それぞれの場においてのどのくらいの子どもが学んだり生活したりしているのかを，図12－1に示しました。

図には義務教育段階の全体，つまり，小学校１年生から中学校３年生までの合計を表しています。子ども全体（全児童生徒数）の数は，2009年（平成21年）から2019年（令和元年）の10年間で約100万人減少しているのに対して，特別支援学校，特別支援学級，通級による指導で学んだり生活したりしている子どもの数は23万５千人増えており，全体に占める割合は2019年の調査では5.0％でした。小学校と中学校の通常の学級には6.5％程度，発達障害の可能性のある子どもが在籍しているとの調査（2012年文部科学省）がありますので，全体の12

％近い子どもが特別な支援を受けているということになります。

2 通常の学級

通常の学級とは，1年1組のように大勢の子どもたちが学び生活する場です。基本的に学級担任の先生が1人で学級経営をしたり授業をしたりします。1年生の場合には，1年生全体に対して加配の先生が配置されたり，特別な支援を必要とする子どもの日常生活上の介助や学習活動の支援を行う特別支援教育支援員が配置されたりします。

通常の学級では最大で35人前後の子どもがいますから，特別支援学校や特別支援学級のように一人一人の子どもに対して手厚い支援は難しいかもしれません。しかし，通常の学級の先生の中には特別支援学級や通級指導教室の経験がある先生がいて，個別の支援を得意とする先生もいますし，特別支援教育に転換して以来，授業のユニバーサルデザイン化のように通常の学級の授業を改善していこうという動きも活発になってきています。

小学校学習指導要領解説には，下記の例のように，各教科等の学習において子どもが示す困難さに対する支援の例が掲載されていて，通常の学級の先生方が活用できるようになっています[*4]。

> 声を出して発表することに困難がある場合や，人前で話すことへの不安を抱いている場合には，紙やホワイトボードに書いたものを提示したり，ICT 機器を活用して発表したりするなど，多様な表現方法が選択できるように工夫し，自分の考えを表すことに対する自信がもてるような配慮をする。

また，園からの引き継ぎを活用して障害のある子どもが在籍する学級には，経験豊富な先生や，通級指導教室や特別支援学級を担当した経験のある先生を担任にするなどの配慮がなされています。入学前に校内を案内して対象の子どもが使う予定の教室やトイレを見せたり，入学式のリハーサルをしたりして，

＊4　文部科学省「小学校学習指導要領（平成29年告示）解説国語編」2017年。

子どもや保護者の不安を軽減させる学校も増えてきました。

3　特別支援学校の小学部

特別支援学校は，障害の程度が比較的重い子どもについて一人一人の実態に即した教育を行っています。障害が１つの子どもの場合は子ども６人で１学級を，障害が重複した子どもの場合は子ども３人で１学級を編成することを標準としています。対象となる障害は，視覚障害，聴覚障害，知的障害，肢体不自由，病弱（身体虚弱を含む）です。特別支援学校では，特別支援学校学習指導要領によって，幼稚園や小中学校，高等学校の教育に準じた教育を行うとともに，独自の領域である「自立活動」の指導が行われます。

自立活動は，「障害による学習上又は生活上の困難を克服し自立を図るために必要な知識技能を授けることを目的とする」とされています。自立活動の指導においては，一人一人の子どもの実態を的確に把握して，個別に指導の目標や具体的な指導内容を定めた個別の指導計画が作成されています。

自立活動の内容は，人間としての基本的な行動を遂行するために必要な要素と，障害による学習上又は生活上の困難を改善・克服するために必要な要素で構成されています。それらの代表的な要素である27の項目が「健康の保持」「心理的な安定」「人間関係の形成」「環境の把握」「身体の動き」及び「コミュニケーション」の６つの区分に分類・整理されています。

特別支援学校は，小学校とは離れて設置されていることが多いのですが，子どもたちが共に学ぶ活動である「交流及び共同学習」も行われることがあります。交流及び共同学習には，特別支援学校と近隣の小中学校等とが学校単位で交流及び共同学習を行う「学校間交流」や，特別支援学校に通う子どもが居住する地域の小中学校等で交流及び共同学習を行う「居住地校交流」があります。特に，居住地校交流は，障害のある子どもが居住する地域で実施され同年代の子どもと顔見知りができるなど，将来の地域での生活の基盤づくりになります。

4　特別支援学級

特別支援学級は，小・中学校の中に設置され，一人一人の子どもの実態に応じた指導を行っています。障害のある子ども8人で1学級を編成することを標準としています。対象となる障害は，知的障害，肢体不自由，身体虚弱，弱視，難聴，言語障害，自閉症・情緒障害です。特別支援学級では，小・中学校の学習の目的や目標（教育課程）を達成することを基本としています。しかし，障害の種類や程度によっては，そのままでは適当ではない場合がありますから，「特別の教育課程」を編成して，子どもの実態に即した指導目標と指導内容を設定するようにしています。その際，特別支援学校と同様に自立活動の指導を取り入れて，障害による学習上または生活上の困難を克服し自立を図ることを目指しています。

また，特別支援学校と同様に，「交流及び共同学習」が行われる場合があり，子どもの実態に応じて，得意な教科等や，より大人数で学ぶことがふさわしい教科等については，通常の学級で学んだり，給食を一緒に食べたり休み時間をともに過ごすことが広く行われています。

5　通級による指導

通級による指導は，通常の学級に在籍していて，比較的障害の程度が軽度の子どもを対象に行われます。対象となる障害は，言語障害，自閉症，情緒障害，弱視，難聴，学習障害，注意欠陥・多動性障害，肢体不自由，病弱・身体虚弱です。中でも，言語障害，自閉症，情緒障害，学習障害，注意欠陥・多動性障害のある子どもたちが指導を受けることが多いです。

通級による指導を受ける子どもたちは，ほとんどの時間を学級で学んだり生活したりしています。多くの場合は週に1～2時間程度，最大で週に8時間程度，通級指導教室で通級による指導を受けます。学習障害の場合は，年間10回程度（月に1回程度）の指導も有効であると考えられており，少ない頻度での指導になる場合もあります。

通級による指導の時間は，通常の学級の授業を抜けることになります。この場合，在籍する学級の教育課程に加えて，または，一部変更して，その子どもに必要な「特別の教育課程」による指導を通級指導教室で受けたこととして扱いますので欠席扱いにはなりません。ただ，通常の学級の授業を抜けることに対して抵抗のある子どもや保護者もいます。そこで，本人，保護者の希望により放課後に指導を実施する場合もあります。その場合は子どもの負担を十分考慮する必要があります。

通級による指導の内容については，特別支援学校の「自立活動」の内容を参考にして，具体的な目標や内容を定め，指導を行うものとされています。その際，効果的な指導が行われるよう，各教科等と通級による指導との関連を図るなど，教師間の連携に努めるものとするとされています。

通級指導教室が設置されている学校に通う子どもは，自分の学校の通級指導教室に通うこと（「自校通級」といいます）ができます。通級指導教室が設置されていない学校に通う子どもは，設置されている他の学校に通うこと（「他校通級」などといいます）になります。一部の地域では，通級による指導の担当者が，指導対象児が在籍している学校を訪問して指導する形態（「巡回指導」などといいます）が行われています。

3　よりよい就学支援に向けて

1　就学先決定のしくみ

園から小学校や特別支援学校小学部への就学先を決定するしくみについては，学校教育法施行令に定められています。これは2013年に一部改正されたものです（図12－2）。就学先は，知能指数や困難さなどの障害の状態だけで判断されるものではありません。教育支援委員会などと呼ばれる委員会が組織され，障害の状態，教育上必要な支援の内容，地域における教育の体制の整備の状況，本人及び保護者の意見，専門家の意見，その他の事情を含めた「総合的判断」によって就学先を検討することとされています。以前は，障害の程度等が基準

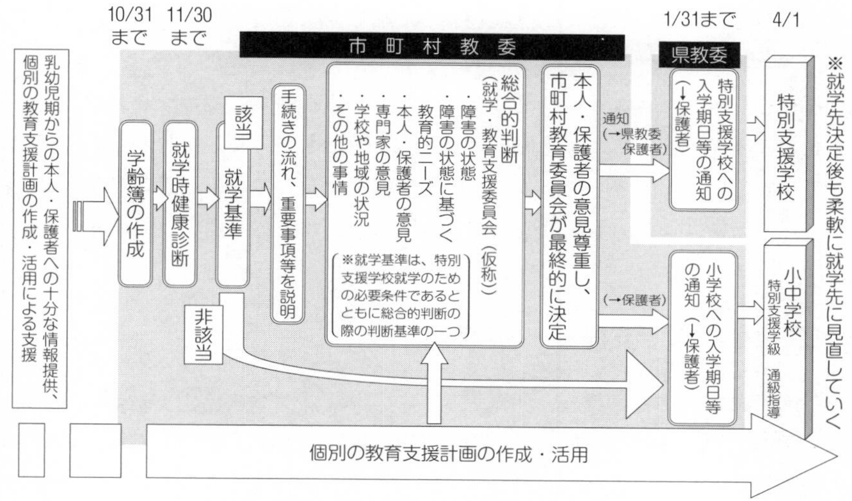

図12－2　障害のある児童生徒の就学先決定について

出所：文部科学省「総合的判断移行のイメージ」をもとに作成。

に当てはまる子どもは，原則的に特別支援学校に就学することとしていたのですが，現在はその原則はありません。こうした検討を経て，市町村の教育委員会が就学先決定を行います。

2　早期からの十分な情報提供

図12－2の左側の部分にも示されていますが，早期からの本人・保護者への十分な情報提供，個別の教育支援計画の作成・活用による支援を行うことが大切です。就学に関する相談は，特別支援学校か特別支援学級かなど，どのような学びや生活の「場」がよいかという議論になってしまうことがあります。最終的には特別支援学校とか特別支援学級など「場」を選択することにはなるのですが，大切なのは小学校に就学してから，その子どもの実態に応じた支援が実現できるようにするということです。

そのためには「どのような場」に就学することがふさわしいかという議論の前に，子ども本人や保護者と園との間で，「どのような支援」があると学びやすく生活しやすいのかという視点で丁寧に話し合いを積み重ねることが必要です。

そうした話し合いは，年長児になってから始めればよいということではありません。各園では，特別な支援を必要とする子どもが入園した時から，毎年，進級する度に，保護者との面談を行い，情報を共有していると思います。そうしたことの積み重ねの先に就学に関する相談があるのです。

3　要録や就学支援シートの活用

各園では，卒園に向けて，年長児について要録（幼稚園幼児指導要録，幼保連携型認定こども園園児指導要録，保育所児童保育要録）を作成し，就学先の小学校へ渡すこととなっています。要録は全国共通で，幼稚園，こども園，保育所から小学校への引き継ぎのための最も基本的なツールです。障害のある子どもへの支援についても，要録の「特に配慮すべき事項」等に記すことで小学校には参考になります。また，文部科学省・国立教育政策研究所（2018年）は，小学校が，園が作成した要録等の情報から，子どものよさや指導の過程を理解し，小学校での指導に生かすことや，保育者と小学校の教員が，お互いの園や学校を訪ね，保育参観や授業参観を行うことの重要性を示しています。各自治体でもこうした取り組みが積極的に展開されています。

障害のある子どもについては，要録だけでは情報が足りないことがあります。そこで，自治体によっては就学支援シート等と呼ばれるツールを用いていることがあります。ある自治体の就学支援シートは，その子どもが在籍した園の園長や担任，特別支援教育コーディネーター等が園での様子や支援の実際を記し，その子どもが利用していた児童発達支援センター等が個別の療育の内容や方法，経過等を記し，保護者が家庭での様子やわが子への思いや願いを記すようになっています。三者が書いたものを共有し，協議して小学校に渡すことになります。小学校では多面的な情報を得ることができ，入学後の支援にすぐに生かすことができます。通常の学級に就学する子どもでも，希望者には作成することができます。こうした取り組みは子どもにも保護者にも，そして学校にも安心をもたらしています。

4　子どもや保護者が納得し安心して就学を迎えられるように

自閉症のある子どもを育ててきた父親の手記に以下のように記述があります。

エピソード　保護者の迷いに寄り添ってくれた小学校や専門機関

(福井紀郎さんの手記から，プライバシーに配慮して一部改変し，許可を得て掲載)

息子の入学にあたって，就学に関する委員会に私たちの意志を伝える期限はどんどん迫ってきた。妻は特別支援学校しかないだろうと決めていたようだが，私は頭の中で「地域の小学校の特別支援学級」という選択肢を捨てきれずにいた。正直に言って「地域の学校でやってゆけるのか」という不安はあった。迷いがあったせいで「何でこんな時期に」というくらい遅い時期になってから小学校見学をすることになったが，小学校には不安を取り除く色々なご配慮をいただいた。

「何回でも来てください」，「この子は充分やってゆけます」という言葉に，どれほど勇気づけられたか解らない。そんな親の傍らで，肝心の息子はといえば校長室のソファーをトランポリンにしたり，校長先生のパソコンのキーボードで演奏会をしていたり……。

とにもかくにも，学級見学でも非常に楽しそうに参加する息子を見て「ここにお世話になろう」と決めたのは，なんと，3 学期に入ってしばらく経ってからのことだった。

普通の学校に入学させることをためらう私たちの背中を押してくれた校長・教頭両先生。「迷ってる」と，ひとこと言っただけで，すぐさま方々の関係機関に電話をし，保留扱いにしてくれた教育委員会の担当者。「あの子は自分たちが守るから」と力強く宣言してくれた当時 4 年生だった姪っ子たちと我が家の長男。

正直，専門知識をもった特別支援学校の先生方は魅力的だったが，ここまで来るとさすがにもう小学校に行くしかない……風も気持ちも小学校に向いちゃってるし。今まで必死に来たけれど，今回だけは流れに乗ってみよう。こんなこともあるさ。そうだ……きっとなるようになる……。

この保護者のように，障害のある子どもの保護者は，子どもが生まれてから就学を迎えるまでの間に，私たちが知らないところで，様々な悩みに直面し，様々な人や機関に相談をし，判断を迫られることを繰り返してきました。どの親子にも「親子の歴史」というべきものがあります。就学に関する相談にあたっては，それぞれの親子が歩んできた「親子の歴史」を尊重することが何より重要です。保護者と園とで意見の相違が起こることがあります。また，保護者が必要な支援の内容や方法，就学先の選択を巡って迷い続けることもあります。このような時には結論を出すことを焦らず，子ども本人及び保護者が納得するまで相談を続けることが大切です。

子ども本人や保護者の思いや願いを丁寧に聞き取ることによって，子どもや保護者と園との信頼関係が確かなものになります。

まとめ

本章では，障害のある子どもや保護者が安心して就学を迎えられるために園や保育者にできることについて学びました。就学に関する課題には，こうすればよいという正解はありません。しかし，それぞれの親子が歩んできた「親子の歴史」を尊重し，子どもや保護者の思いに丁寧に寄り添う中で，少しずつその親子なりの答えが見えてくるでしょう。園にも，その子に対する願いがあると思います。それを押しつけるのではなく，子どもや保護者と園とが時間をかけて共通理解を目指していくことが求められます。園や保育者にとって時に苦しいこともあるかもしれません。しかし，親子が納得して安心して就学を迎えることができることを第一に考えて，丁寧に相談を積み重ねていくことが大切だと思います。

さらに学びたい人のために

○丸亀ひまわり保育園・松井剛太『子どもの育ちを保護者とともに喜び合う――ラーニングストーリーはじめの一歩』ひとなる書房，2018年。

保護者と子どもの姿をどのように共通理解するかについて具体的な手段を示しながら伝えてくれる本です。保護者とつながることで保育者も成長し，保育が豊かになることも語られています。

○高崎明『ぷかぷかな物語——障がいのある人と一緒に，今日もせっせと街を耕して』現代書館，2019年。

長年，特別支援学校の教師であった著者がNPOを立ち上げて障害のある青年と過ごす中で，能力を身につけできることを増やそうとするよりも，その人らしい魅力を伸ばすことが大切であることに行き着いたという本です。障害のある幼児の将来を考える時に重要な示唆を与えてくれます。

○青山新吾（編集代表），久保山茂樹（編著）『子どものありのままの姿を保護者とどうわかりあうか（特別支援教育ONEテーマブック4）』学事出版，2014年。

障害のある子どもや保護者とかかわる専門家や保護者自身の思いや願いを綴った本です。保護者とのかかわりの参考になると思います。

第13章

障害の有無にかかわらず地域で育つために

学びのポイント

- 配慮が必要な子も含めて，誰もを受け入れられる学校とはどのようなことを大事にしているのか考える。
- 小学校の教育が「みんなの学校」のように大きく変わってきている中で，幼児期に育てるべき力とはどのようなことなのか考える。
- 「みんなの学校」の実践を深く探求する中で，これまで自分がもっていた教師像や教育のあり方を再考してみる。

WORK 障害のある子どもが育つ場は？

障害児に対しては，大きく分けて，①障害児は専門家に任せたほうがよい，②障害の有無にかかわらず，人は人とのかかわりの中で育つ，といった異なる2つの意見があります。これらの意見について，グループで話し合ってみましょう。以下のような意見も話し合う際の参考にしてください。

①「障害児は専門家に任せたほうがよい」

乳幼児期にも，障害のある子どもに対する専門機関として，療育センターなど，発達に遅れがある子どもの相談や診断，さらには通園して療育を行う施設は，各市町村に設けられています。一般的には，そのような機関で障害の診断が出され，通園での療育へとつながっていきます。

このような流れがあるならば，あえて，幼稚園や保育所には通わせず，療育の専門家がいる療育センター等に子どもが通い，少人数の中で療育的な保育を受けたほうがよいと思う人は多いと思います。

②「障害の有無にかかわらず，人は人とのかかわりの中で育つ」

障害児には専門家が指導したほうがよいという意見ばかりが強調されると，障害児の生活の場は，以下のようになります。

乳幼児期には，療育センターなど障害児だけが通う施設で過ごし，小学校から中学校，高校でも特別支援学校や特別支援学級のように，障害のある子どもだけが集まるコミュニティーで過ごします。高校を卒業して就職できたとしても，作業所のように，障害の人だけが集まる職場で生活し，一般的な社会経験はしないままに生きていくことになります。乳幼児期から大人になってまで，家族や施設以外の多くの人とのかかわりは，全くといっていいほどありません。

障害のある人たちが自ら選ぶ選択もなく，このような生活を強いられているとしたら，このような生活を本人たちは望んでいるといえるのでしょうか。人は誰でも人とかかわる中で育っていきます。自分らしく生きるためには，どう生きるかの選択肢は，障害児であればなおさらきちんと保障されるべきではないでしょうか。

導　入

本章では，障害の有無にかかわらず，子どもたちが学校や地域で共に育つことの意味を，小学校での生活を見直し，その取り組みが「みんなの学校[*1]」という映画にもなった，大空小学校の木村泰子先生の実践を中心に考えてみたいと思います。木村先生は，障害児や不登校，不適応の子どもたちを，ごく当たり前のように受け入れて，子どもたちが共に育つ実践をされてきた先生です。

これまで当たり前に思っていた発達観や教育観では，教師が教えたことをどのように効率よく身に付けるかが大事にされるため，障害のある子どもや勉強のできない子どもなどは，授業中，授業を妨げる存在としてみられることが一般的でした。

ところが，少し見方や考え方を変えるだけで，障害の有無にかかわらず，みんなが過ごしやすいコミュニティーをつくることが可能になります。

これまで当たり前だと思えていたことを，子ども側からの視点で見直してみる，こんな実践が積み重なっていく中で，障害の有無にかかわらず，地域で子どもたちが育っていくことが当たり前に受け入れられる社会が実現されているのだと思います。

1　いろいろな子どもと共に生活する意味を考えよう

1　保育者のかかわりが，小学校での子どもの姿に現れる

小学校に入学してくる子どもは，それぞれの園での保育の影響をリアルに表現します。言い換えると，どこの園からきた子どもかがわかる場合もあるくら

＊1　大阪市立大空小学校。大阪市住吉区にある公立小学校。2012年度の児童数・約220人のうち，特別支援の対象となる数は30人を超えていたが（通常学級数6・特別支援学級7），すべての子供たちが同じ教室で学ぶ。教職員は通常のルールに沿って加配されているが，地域の住民や学生のボランティアだけでなく，保護者らの支援も積極的に受け入れた「地域に開かれた学校」として，多くの大人たちで見守れる体制を作っている。学校の理念は「すべての子供の学習権を保障する学校をつくる」であり，不登校はゼロ。唯一のルールとして“自分がされていやなことは人にしない 言わない”という「たったひとつの約束」があり，子供たちはこの約束を破ると“やり直す”ために，やり直しの部屋（校長室）へとやってくる（「みんなの学校」公式ホームページより）。

いです。それだけ幼い子どもたちは，目の前のおとなの影響を全身で受け止めているのでしょう。それぞれの園でいつもおとなが口癖にしていることは，そのまま子どもが口にしています。おとながどんな言葉を子どもの前で発しているかが，とても子どもに大きな影響を与えています。

おとなにいつも叱られている子どもや指示を聞けない子どもに対しては，ミニ先生のようにその子を叱ります。どうしてあなたがこの子を叱るのと聞くと，いつも園で先生がこの子を叱っていたからと答えるのです。

逆に，小学校の教員が叱った時に，この子を叱らないで，この子は困っているだけなどと，その子のことを教えてくれる子どももいます。園でおとなが，いつも困っている子どものことを周りの友だちに伝えていたからでしょう。

保育の目的は小学校教育のためにあるのではありません。

小学校に入って子どもたちが困らないために教えなければと規則や規範を守ることを目的に保育が行われることだけは決してないように願います。就学するために保育があるのではなく，保育でしか獲得できない保育の目的を常に問い直していただきたいです。

小学校との連携は入学して困らないような子どもを育てることではありません。小学校で子どもが困った時にこそ，園との連携が大切になるのです。園にクールダウンに戻るとか，おとな同士が今この子が何に不安を感じ困っているのかを互いに対話し，その子の安心のためにはどんな手段でも見つけようとするおとな同士の営みが，園と小学校との連携です。

保育でここだけははずさないでと願うことは，「全ての子ども同士の関係性をつなぐ」ことを最上位の目的にしていただきたいことです。

ただ，現実には園から就学する小学校はそうはなっていない現状があります。みんなと同じ行動ができない子どもを義務教育前に「発達障害」と診断し，子ども同士の関係性を分断してしまう現状も否めません。

2　変わらなければならない小学校教育

義務教育のスタートの学年，これが１年生です。新学習指導要領で述べられている「主体的・対話的・深い学び」の6年間の基礎をつくるのが1年生です。

従前の学校文化の中には，1年生を担当する教師は，まず，学校としての決まりや学習規律をいかに教え込むか，違う表現をすれば，1年生の間に学校生活の「しつけ」をきちんと教え込むことが，1年生の教師のするべきことだと考えられてきた傾向があります。1年生はベテランといわれる教師が担任し，小学校という「スーツケース」の中にうまくはめ込むことが求められてきた感があります。たとえば，50年前の社会で求められていた学校の役割は，この手法で担うことができてきたかもしれません。ところが，現在の社会状況は大きく変化しています。

社会のニーズに応じて変わり続けるのが学校です。そうでなければ，小学校での6年間の学びが，卒業後の10年後，20年後の社会で「生きて働く力」にはつながりません。

では，1年生の全ての子どもに，10年後，20年後の社会の中で通用する学力の基礎となる必要な力とは何なのでしょうか。

3　「学び」の目的を明確に

10年後，20年後の社会のニーズを想像してみましょう。様々な価値観があふれ，「多様性こそ進化の原動力」と言われる時代に，子どもは社会の中でなりたい自分になっていくのです。つまり，1年生の時期に「ここだけははずさない」ポイントは，「画一的」な学びではなく「多様な学び」なのです。

多様な学びを全ての子どもに保障することが，何よりも優先して教師に求められる6年間の小学校教育です。その6年間の学びの土台をつくるのが1年生の時期です。

では，学びの目的は従前に大切とされていた「椅子に座ること」「だまって先生の話を聞くこと」でしょうか。もちろん，結果として椅子に座ることや，だまって教師の話を聞くことができることは大切かもしれませんが，あくまでもこれが学びの目的だと勘違いしていると「画一的な考え方や行動」を教え込んでしまうことになりかねません。

6年間の育ちの中で，1年生は教師にとっては一番「力」での指導が入りやすい発達段階です。言い換えれば言うことを聞かせやすい学年ともいえてしまうでしょう。力をもつ教師の前では最たる弱者の1年生です。「先生の言うことをきかなければならない」と思っているのです。目の前にいる教師の表情や動きや言葉を身体中で受け止めてしまいます。「先生が怒った」「先生がほめた」など子どもにとって「学校」という場で初めて出会うおとなの営みの全てが「学び」のスタートなのです。「先生の言うことを聞く」，これは学びの目的ではありません。目的は「今，このことが自分にとって大切だからする」ことです。

2　「みんなの学校」の事例から

入学式を終えて教室に子どもやおとなが戻ってきた時のことです。初めての教室で子どもたちは緊張して座っているのが当たり前だったはずが，一人の子どもが椅子に座らないで教室の中を走り回っています。座っている子どもや後ろに立っている保護者の空気は微妙です。そんな教室の前に，もう一人のおとなである担当の教師が立つのです。

想像してみてください。あなたがこの時の担任なら，この事実をピンチと捉えますか，チャンスと捉えますか。そして，どんな表情でどんな言葉で子どもたちに語りますか。おそらく，座っている子どもの保護者は，走り回っている子が同じ教室にいることに不安や困り感をもつでしょう。また，一人だけ走っている子どもの保護者は教室に自分の子どもがいることが迷惑がられているだろうと，明日からどうすればよいか悩むでしょう。

この年，「みんなの学校」で1年生を担当したのは，転任してきたばかりのベテランといわれる教師でした。そして，同じ教室で1年生の子どもをサポートしていたのは6年生の子どもたちです。6年生は全員が，自分の学校を自分がつくってきた学校のリーダーです。このリーダーたちが，「1年生の先生に教えてあげて」と言いながら職員室に飛び込んできたのです。その新転任の教師はベテランということもあり，立っている子に座りなさいとは言わなかったそうです。ところが，座っている子どもたちに「手を膝に置いて背中を伸ばしてみんないい姿勢で座っていますね。さすが，大空の子は素晴らしいです」と，ほめたそうです。

6年生のリーダーたちは，続けました。

「座っている子をほめることは，立っている子はだめだということを座っている子どもたちに思わせてしまう」。

「あの子は立っているけどみんなと一緒にいる。居場所がなくなったら教室から出ていく。今，座らなくても教室が安心できるところだとわかったら座ると思う」。

「手を膝におくことがいい姿勢だと先生は言ったが，手のない子はどうするの？　手のない子がやらなくていいのだったら手のある子にも言う必要はないのではないか」。

子どもから突きつけられたこれらの言葉の意味は重いものがあります。型にはめた指導をするのが1年生であるとの過去の価値観を捨て，多様な子どもがいることが学校の当たり前なのだという空気を，義務教育のスタートにつくることこそが，まず取り組まなければならないことです。

では，この事例のように，ピンチとも思える状況をチャンスに変えるにはどうすればよいでしょう。

「みんな，○○さんが椅子に座っていないけど，心配しなくていいよ。椅子に座っていなくても先生の話やみんなの話をちゃんと聞いているからね。大丈夫だよ」って，笑顔でサラッと伝えることができたらどうでしょう。子どもたちは（そうなんだ。立っている子は先生に叱られる悪い子ではないんだ。安心なんだ）と，教師の表情と言葉で，自分と違う動きをしている友だちを「迷惑をかける子」とは思わないでしょう。

保護者の方々は自分の経験した小学校時代をベースに，入学式のこの光景を「困るなあ」と思っているでしょう。こんな子がいると自分の子どもまでが立ち歩くのではないか，立っている子に気を取られて集中して話が聞けないのではないかと心配するでしょう。次に思うことは，（あの子はショウガイがあるのではないか）（違う教室で学習すればよいのでは）ということになるでしょう。

義務教育のスタート時点の子どもは，それぞれの家庭で様々な環境で育ち，学校という学びの場に集まってきます。数十年前の社会とは違って，多様な価値観があふれる社会状況の中で多様な育ちをした子どもが共に学び合うのです。みんながみんな椅子に座って話を聞く子どもたちばかりではないということを，子どもの周りにいる全てのおとなが共有することから義務教育をスタートしなければなりません。

このことが，全ての子どもの学習権を保障する学校の多様な学びの土台になるのです。その意味からも入学式の「最初の授業」が大事です。自分の学びを周りのせいにしないことや，全ての子どもが自分らしくありのままの姿で学び合える教室を今日からみんながつくっていくチャンスの日なのです。

3　いろいろな友だちがいるのが当たり前に

1年生の間に学習規律を身につけさせて，字を教えて計算ができるようにしなければ2年生になると困る。もちろん，そうかもしれません。これらの力は学力の中の目に見える一部の学力です。この力だけを見ていると，社会の中で「生きて働く」力は見過ごされていきます。

教師の話が聞けない子ども，じっとしていられない子ども，友だちとけんかする子ども，すぐに暴れてしまう子どもがいるのが当たり前の1年生の教室です。そう考えると6年間の学びの中で，一番困り感をもっている子どもたちが学び合っているのが，1年生の教室なのです。

今，全国の学校現場を学ばせていただいています。その中で感じることは，いじめが原因で学校に行けなくなっている子どもや，「学級崩壊」といわれる現象が多く起きているのが，2年生です。本来は1年生でできていることは2年生になっても当然できていることが当たり前なのです。それなのに，どうしてこのような状況が起きてしまうのでしょうか。

原因の一つに，1年生での「子どもの管理」が2年生でできなくなることが挙げられます。言い換えると，1年生では教師の言うことを聞いていた子どもが2年生になると言うことを聞かなくなったということです。こんな結果につながる1年生の学びは全ての子どもから大切な学びを奪ってしまいます。

いろいろな特性をもった子ども同士が学び合う場を保障することを，教師は優先順位の一番にしなければなりません。そのことを次の事例で考えてみましょう。

エピソード

1年生の教室で一人の女の子が隣に座っている男の子に何度も何度も注意しています。机から外に足を出して座ったらだめだということを教えているのです。言われている男の子は，最初は黙って聞いていたのですが，そのうちに腹が立ってきて「うるさい」と怒鳴りました。すると，注意をしていた女の子は泣いて担任に訴えに行きました。

その場の事実を見ていない担任は，その場面を言葉で上手に説明する女の子の話を聞いて，何も話せないでいる男の子にせっかく親切に教えてくれている友だちにうるさいなんて言ってはいけません，謝りなさいと指導したのです。

みなさんはこの事例をどう考えますか。その時の女の子は，教師が自分のことを認めてくれたので，得意げな表情に変わっていました。一方，指導され，謝らされた男の子はそのあとも表情がこわばっていました。たまたまその場にいた私は，その後，女の子に隣の子の座り方が悪いからってあなたに何か迷惑がかかるのかと聞いたのです。すると，ぷっとふくれた顔をして，「だって，園で先生がちゃんと座りなさいっていつもおこっているから」と答えました。

その男の子がなぜ，自分と同じように座れないのかということを考えたり知るために学び合っているはずが，「ミニ先生」になってしまっていたのです。その時の担任の口から出た言葉は「彼女はうちのクラスのエースなのです」でした。まずは，おとながやり直しをしなければなりません。教師のために子どもがいるのではなく，全ての子どもが学ぶ・子ども同士が学び合うために学校があるのです。

4 子どもの可能性を見通した指導が，子どもや地域を変えていく

１年生で集団行動がとれないから困った子どもだとレッテルを貼られた子どもの未来はだれが保障するのでしょう。

これまで，１年生で暴れていた子どもが，６年生ではあたたかい頼もしい学校のリーダーに育ち，自分らしく自分を大好きになって堂々と卒業していく事実をたくさん学んできました。

今，教師の目の前にいる子どもの姿は，一人の子どもの未来につながる一つの点だということを忘れてはいけないと思います。この点と点がつながってその子の可能性が開いて伸びていくのです。教師の指示を聞かないからこの子は困る子だというレッテルを貼られた子どもとその子の周りにいる全ての子どもが，多様な学びの場を失ってしまうような教室は断捨離しなければなりません。

学びの主語は「子ども」です。一律の学習規律を徹底させる１年生の学級経営なんてできていることが不思議です。安全な「スーツケース」をつくる努力から，「大風呂敷」を広げて目の前の全ての子どもの可能性を信じる１年生の教師になることです。どんな素晴らしい教師の指導力よりも，子ども同士がつながっている教室で学ぶ子どもは安心して自分を大切にします。だから，となりの友だちを大切にできるのです。

「学校」という場で初めて出会う「先生」が１年生の担当です。子どもは子ども同士の関係性の中で育ち合います。学校教育の最上位の目的は，全ての子どもの学習権を保障することです。障害の有無にかかわらずです。そのためにも「子どもと子どもをつなぐ」ことを目的に，子どもに学ぶ大人であるかを常に問い続けたいものです。

まとめ

木村先生は，校長先生になられた大空小学校を，障害児であっても，不登校児や不適応児であっても，全ての子どもを受け入れる地域に開かれた学校にしていきました。そしてその子どもたちは，みんなと一緒に共に教室で生活します。障害のあ

る子どもがクラスにいて授業中に動き回っても，だれもがそのことを当たり前に受け入れます。トラブルが起こっても，みんなで考えます。そのような授業を可能にするために，学校は，地域の人やボランティアも積極的に受け入れています。学校内だけを変えるのではなく，子どもが育つ場，生活する場として，地域にも開かれている意味はとても大きいのです。

その一方で，木村先生の実践を読むと，やはり保育者や教師の役割がとても大きいこともわかります。ただ障害のある子どもや配慮の必要な子どもをクラスに受け入れることがインクルージョンというわけではなく，そこで子どもたちが一緒に生活する中で，どのような関係を作り出していくかがとても重要になっているのです。いろいろな問題や課題が起こっても，自分たちで考え解決できる子どもたちが育っていくためには，これまで当たり前だと思われていた学校文化や教師のかかわりを見直す必要が出てきます。子どもや教育に対する教師や保育者の価値観こそが問われてきますし，そのような価値観の大きな変化こそが地域も変えていくことにつながっていくのです。

さらに学びたい人のために

○木村泰子『「みんなの学校」から社会を変える――障害のある子を排除しない教育への道』小学館，2019年。

「みんなの学校」では，特別支援学級はなく，障害のある子どもであっても，みんなと一緒のクラスで学びます。また，他の学校で不登校や不適応だった子どもも受け入れながら，不登校はゼロです。もちろん，日々の中では大変なことも起こるのですが，だからこそ，この実践には教育とは何かを訴える力があります。可能であれば「みんなの学校」の映画もぜひみてください。

○木村泰子『「ふつうの子」なんて，どこにもいない』家の光協会，2019年。

大阪の公立小学校で，校長として，「みんなの学校」の実践を作り上げた木村先生が書かれた子育ての本です。障害のある子どもも障害のない子どもも共に学ぶ中で，子どもが自分の居場所を見つけることができると，いきいきと成長していく姿がわかる本になっています。

第14章

障害のある子どもの保育にかかわる現状と課題

学びのポイント

- 早期発見・早期療育の現状と課題について理解する。
- インクルーシブ保育の意義について理解する。
- 保育者の専門性について考える。

WORK 障害のある子どもの保育について考えてみよう

① 早期発見・早期療育の現状について調べ，その課題について理解しましょう。

② インクルーシブな社会におけるインクルーシブ保育の意義について，国連の障害者の権利条約を読んで理解しましょう。

③ インクルーシブ保育における保育者の専門性について考えてみましょう。

● 導　入

本章ではまず障害の早期発見・早期療育の課題について述べ，次いでインクルーシブ保育（教育），インクルーシブ社会の意味と問題点について説明します。さらにインクルーシブ保育における保育者の専門性の重要性について述べます。

1　保健，医療における現状と課題

障害という概念は幅広く使われるために，「障害のある子ども」に含まれる子どもと言った場合どこまで含めたらよいのか定説はありません。喘息やアレルギー疾患といった慢性疾患をもつ子どもも，ある意味では身体的障害をもっているといえるからです。

ただ，第４章で述べたように，障害を運動機能と精神機能の障害に限れば，知的障害，肢体不自由，盲聾などの従来の障害と，注意欠陥・多動性障害，自閉症スペクトラム障害，学習障害などの発達障害をあわせたものが現在の障害を構成する要素になります。

従来の障害をもつ子どもは，子ども全体の1.5%前後，発達障害は6.5%前後ですので，合計すると子どもの８～９%が障害をもつ子どもということになります[*1]。こうした障害をもつ子どもたちの医学的な視点からみた現状と課題を以下に述べます。

1　早期発見・早期治療（療育）の現状と課題

障害の種類にもよりますが，障害をもつ子どもに対して医学的なかかわりが生じるきっかけとなるのは，子どもの健康診査です。法定健診として１歳未満（乳児健康診査），１歳半～２歳（幼児健康診査），と３歳～４歳（３歳児健康診査）

＊１　文部科学省「平成25年度特別支援教育に関する調査の結果について」2014年及び文部科学省「平成25年度通級による指導実施状況調査結果」2014年。

がありますが，地方自治体や医療機関によっては，それ以外の年齢でも行われます。また就学前の５歳児健康診査も多くの市町村で行われています。

旧来の障害は，その特徴が早期より顕在化しやすく，乳児期の健康診査で気づかれることが多いのですが，知的障害を合併した自閉症スペクトラム障害以外の発達障害は，乳幼児期の健康診査では見立てが困難でした。学習障害は，そもそも字を本格的に学び始める就学以降でなければ診断ができませんし，注意欠陥・多動性障害もその行動特徴は，集団の場面で顕在化するため，個別健診の場では見立てができません。また，第４章第３節で述べたように，発達障害を正確に診断するための検査や心理テストはなく，また定型発達（健常）児の行動と発達障害をもつ子どもの間に正確に線引きをすることはできないのです。

一方，特徴的な行動の顕在化が最も早い自閉症スペクトラム障害は，経験的に３歳以前の早期からその行動特徴がみられることが知られていました。そうした経験を生かして，乳幼児期の行動の特徴から早期に自閉症スペクトラム障害をスクリーニングできるチェックリストが開発されています。そのなかでよく使われるのが M-CHAT（Modified Checklist for Autism in Toddlers）や PARS（PDD-ASD Rating Scale）と呼ばれるチェクリストです。Toddlers とは「よちよち歩きする子ども」という意味で，月齢18か月から36か月の幼児の行動特徴についての23項目の質問（例：「あなたが名前を呼ぶと，反応しますか？」），PARS は12項目の質問からなる保護者向けのアンケートです。日本の多くの健診会場（１歳半，３歳児）でこのチェックリストが使われています。このチェックリストの得点から，自閉症スペクトラム障害のリスクの高い子どもを同定することができます。

早期発見は早期療育ないしは早期治療につながる，という理由で，こうしたチェックリストの功用は明白に思えますが，問題もあります。

まず，チェックリストの正確さです。これらのチェックリストで得点が高く自閉症スペクトラム障害のリスクが高いからといって，その子どもが実際に自閉症スペクトラム障害と診断されるわけではありません。たとえば M-CHAT でハイリスクと判定された子どものうち，自閉症スペクトラム障害と診断される子どもは約半数であるとされています。時期を改めて，ハイリスクの子どもには再度調査をするなどの方法で正確さを向上させる努力がされていますが，未だに不十分です。

チェックリストで自閉症スペクトラム障害のリスクが高いと判断された子どもたちの多くに対しては，療育を開始することを勧められます。心理士，言語聴覚士，作業療法士など複数の専門家が担当する療育は，どのような障害に対しても適応できる対応策ですが，年少の自閉症スペクトラム障害に対する療育方法は十分に確立していないのが現状です。個別指導の療育と集団の中での保育のどちらがより効果的なのか，はっきり言いきれないのです。

今後も，幼少の自閉症スペクトラム障害をもつ子どもへの有効な個別療育プログラムに向けた研究が進むと思われますが，同時に次項で述べるようなインクルーシブな保育の効果との比較検討が必要です。

2　インクルーシブ教育と保育

国連の障害者の権利に関する条約が2013年に国会で正式に批准されました。障害者の権利に関する条約の根本的な理念は，障害による一切の差別と社会への完全な参加を保障することです。本条約の教育に関する第24条（2項(a)）には，「障害者が障害に基づいて一般的な教育制度から排除されないこと及び障害のある児童が障害に基づいて無償のかつ義務的な初等教育から又は中等教育から排除されないこと」と記されています。

この「一般的な教育制度から排除されない」ことを保障する理念がインクルージョンあるいはインクルーシブ教育です。インクルーシブ教育とは，端的に言えば，障害の有無にかかわらず，全ての子どもが子どもの居住する地域の通常学級で教育を受けるということです。インクルーシブ教育について説明をしている研究者や複数の機関が，インクルーシブ教育を次のように定義しています。

「インクルーシブ教育とは，全ての生徒が，その住んでいる地域の年齢相当の普通学級に迎え入れられて通学し，学校生活の活動全てを学習し，参加貢献する」ということです[*2]。

「インクルーシブ教育は，障害のない子どもと障害のある子どもが，同一のクラスに出席し学ぶ所に成立する[*3]」。

条約には障害者の年齢についての規定はありませんので，保育あるいは幼児教育期間にいる子どもについても，インクルーシブの原則は当然当てはまります。ところが，日本でインクルーシブ教育を実行するために文部科学省が設置した「特別支援教育のあり方に関する特別委員会」は，上記のインクルーシブ教育の理念とは異なる日本独自のインクルーシブ教育を規定しています。その根拠となったのが，下記の条約締結にかかわった外務省の考え方です。

> 条約第24条に規定する「general education system（教育制度一般）」の内容については，各国の教育行政により提供される公教育であること，また，特別支援学校等での教育も含まれるとの認識が条約の交渉過程において共有されていると理解している。したがって，「general education system」には特別支援学校が含まれると解される[*4]。

この解釈にしたがうと，子どもを特別支援学校（学級）に措置することもインクルーシブ教育に矛盾しないことになります。その結果，障害者の権利に関する条約が批准された2013年から2018年の５年間で特別支援学校に在学する子どもの数が１万人以上増加しています[*5]。このことは，障害のある子どもをできるだけ地元の学校の普通学級に通わせるという，条約で謳ったインクルージョンの基本方針に背く結果となっています。保育園では従前から統合保育という考え方があり，日本の中では最も インクルージョンの精神が生かされている場所となっています。保育園には統合保育を今後どのように展開していくかという大きな課題があるといえます。

＊２　Inclusion BC（https://inclusionbc.org）。

＊３　PBS Parents（http://www.pbs.org）。

＊４　文部科学省「特別支援学級のあり方に関する特別委員会（第５回）配布資料　資料２」2010年（https://www.mext.go.jp/b_menu/shingi/chukyo/chukyo3/044/attach/1298633.htm）。

＊５　文部科学省「平成30年度学校基本調査」2018年。

2 福祉・教育における現状と課題

1 福祉・教育の分野の現状

①福祉分野の現状

障害のある子どもの発達支援の中心である，児童発達支援の機関（児童発達支援センター・児童発達支援事業所等）は，そのニーズの拡大に応じて，大幅に数を増やしてきています。また，その機能や支援の内容に関しても，2017年にようやく「児童発達支援ガイドライン」が厚生労働省から出され，支援内容についての一定の共通理解や質の確保がなされるようになってきました。このガイドラインは，ある意味，幼稚園や保育所における教育要領や保育指針にあたるものです。

制度的にも，その子どもが通っている園や学校で専門的な発達支援が受けられる「保育所等訪問支援」などの制度が整備されてきています。ただ，専門的技能を持つ職員の養成が，そのニーズに比べて圧倒的に立ち遅れており，せっかくの制度が，担う人材の確保ができないために，使われていないことも多く，また，地域によって，児童発達支援の機関の充実度に格差があることも今後の課題となっています。

②教育分野の現状

2007年に，それまでの特殊教育から特別支援教育が学校教育法に位置づけられました。これは，「障害の種別」「障害の程度別」に子どもを分けてきた特殊教育から脱して，子ども一人一人の個別の教育ニーズに応じた教育を謳ったものです。それを実現するべく，幼稚園から高校に至るまで，特別支援教育コーディネーターを配置し，特別支援の必要な子どもに関する協議を旨とする校内委員会を立ち上げ，必要な子どもには個別の教育支援計画や個別指導計画を作成する体制が作り上げられてきました。それに伴って，幼保小の連携や小中高の連携も進み，就学支援のシステムも変化してきました。ただ，通常学級，特別支援の子どもたちのための固定学級，特別支援学校という，学ぶ場の選択肢の少なさは，特殊教育のころとあまり変わってはおらず，特別支援教育のための人員の増員や１クラスの規模の縮小に向けての動きも遅々としています。そうした大枠が変わらない中での特別支援教育ですから，学校からすれば，一人一人の教育支援ニーズを叶えたくとも叶えられない現状もあります。

2　社会的な「障害」の存在

これまで取り上げられてきた「障害」は，何らかの生得的なものとしての障害や，何かの病気の結果としての障害など，子ども自身に所属するものとして説明されてきました。ところが，「障害」には，子どもを取り巻く環境が原因であるものや，環境と子どもとの相互作用としての「障害」も存在します。

①虐待や貧困を背景とする「障害」

虐待など，家庭養育が著しく損なわれた状態に陥ると，子どもにとって必要な対人交流や心身の安全性，必要な栄養補給がなされない状態が続きます。その結果として，主におとなとの交流の欠如や不自然で不健康なかかわりをするようになります。これは反応性愛着障害[＊6]といい，環境の不適切さが原因で起こる子どもの重篤な対人関係の障害とみなされます。虐待は，情緒的な問題だけではなく，心身の不調や低身長，様々な行動障害など，子どもの心身の健康を大きく損ないます。

貧困は昨今大きく取り上げられるようになってきましたが，保護者の長期間労働や心身の余裕のなさと直結することから，これも子どもの心身の健康状態に大きな影響を及ぼすものです。虐待のリスクも高まります。

虐待も貧困も，隠されたまま進行することが多く，当事者たちは助けてほしいにもかかわらず，なかなかSOSを発信できないこと，また，保育所，幼稚園，認定こども園において，たとえ気付いても，園だけでは対応しきれない問

＊6　**反応性愛着障害**：世界保健機関の診断基準ICD-10によれば，反応性愛着障害には，人との交流を避けたり無感情のタイプの抑制型と，だれかれ見境なくくっつこうとするタイプの脱抑制型がある。アメリカ精神医学会の診断基準DSM-5によれば，それらは，心的外傷・ストレス因子関連障害に含められ，脱抑制型は，「脱抑制型対人交流障害」とされる。

題であることも共通しています。子どもの様子，保護者の様子から，何か気になる点を感じた時に，担任保育者だけではなく，園全体で共通理解しながら，サポート体制を組むこと，そしてしかるべき専門機関と速やかに適切な連携を取ることが必要になってきます。

②外国籍などの，社会との相互交流の「障害」

2018年施行の保育所保育指針，幼稚園教育要領，幼保連携型認定こども園教育・保育要領では，外国籍の子ども，外国から帰国した子どもへの配慮が明記されました。外国籍の子どもも帰国した子どもも子ども自体に障害があるというわけではありません。しかし，言葉や習慣がわからない状態に置かれることで，子どもにとっての生活上の障害が起こってきます。これらの子どもたちやその家族に対しては，様々な援助が必要であるにもかかわらず，国全体としての支援機関や支援制度はありません。生活にもっとも密着した機関である幼稚園や保育所等が，子どもたちの毎日の生活を安心できるものにすること，相談相手が少ないであろう保護者に手を差し伸べていくことが求められます。

3　インクルーシブな社会へ

「障害」と聞くと，何か「健常」とは大きく異なった状態のように感じられるかもしれませんが，実は「障害」と「健常」に大きな境目があるわけではなく，しかも，社会や環境によって後天的に作られるものや，個人（子ども）と環境の相互作用自体に「障害」が存在している場合など，「障害」というものを，より広く捉える必要性について述べてきました。対象が乳幼児であれば，自身で発信したり対処できる範囲が限られており，その分，まわりのおとなが気付いて守っていく必要があります。

考え方として，「この子どもは発達障害」「この子どもは愛着障害」などの区分けやレッテル貼りをして，対応を考えるのではなく，一人一人が個別の支援ニーズがあるという発想が必要です。それが「インクルージョン」，つまり「健常児」の中に「障害児」という特別な子どもがいるのではなく，一人一人が違っているという考え方です。日本には「同質性（みんな一緒）」をなぜか重んじる風潮があります。それが同調圧力となり，ほかの子どもと少し違ったように見える子どもに対するいわれなき偏見や排除につながります。人生の最初にひと・社会と触れ合える場所である幼稚園や保育所等の中で，「違い」を大切にする・される人間観に触れることは，この社会におけるインクルージョンを推進する人材の育成につながるものと思います。

3 保育現場における現状と課題

1 園で受け入れられない障害児

障害があるかどうか，医学的な判断がつかない子どもも含めて，園には配慮が必要な子どもが増えてきました。言葉が遅い，人間関係が苦手，こだわりが強い，視線を合わせない，育てにくいなどなど……，入園前の説明会などでは，子どものことで様々な相談が寄せられます。

その中でも，依然として多いのは，発達に心配があり，療育センターなどに相談していることを園に伝えると，多くの園では受け入れてくれないという悲鳴にも近い保護者の訴えです。

障害のある子どもを受け入れるかどうかは，多分に園の保育体制や保育形態にかかわることではあるのですが，園の方針として，保育者の指示が多く，園のルールとして禁止事項が多い園であれば，集団としての秩序が守れなかったり，他の子どもに迷惑をかける障害児は，できることなら受け入れたくないという園が，いまも依然として多いのです。そのような園では，障害児にかかわるフリーの保育者もいないので，たとえ障害のある子どもを受け入れたとしても，クラス全体を見ながらも障害のある子どもにも配慮しなければならないために担任の保育者だけが疲弊するか，園側が常に保護者の付き添いを求めるかなど，どちらにしても，障害のある子どもにとって，決して望ましい保育環境にはなっていないことが多いです。

幼稚園教育要領や保育所保育指針等では，幼児教育や保育の基本として，一人一人を受け入れることが，きちんと明記されています。これからの社会では，グローバル化も含め，多様性を受け入れる力の育成が求められています。乳幼児期から障害のある子どもと出会って，クラスの一員として受け入れていくような経験はとても大事なことなのですが，実際には，まだ，障害児を受け入れようとしない園は多くあるのです。

その一方で，どこの園であっても，入園して保育をしてみたら，すごく手がかかって大変だという子どもが増えてきています。このようなケースでは，保護者が子どもの行動や姿を個性として受け止めている場合が多く，もう少し成長すればみんなと一緒にできるようになると思っている方も多くいます。実際に子どもとかかわってみると，子どもの特性として育てにくい面がある子だから保護者がうまく育てられないのか，それとも保護者の方がうまく子どもとかかわる力がないから，子どもが突飛な行動をしてしまうのかなど，その原因が見えない場合も多々出てきています。

障害のある子どもであっても，また何らかの理由で育てにくい子どもであっても，その子たちは，日々，一生懸命生きていることに変わりはありません。個々の子どもたちが出しているメッセージをわかろうとする保育者の存在が，障害児保育でも，また配慮が必要な子でも，とても重要な役割を果たすのです。

2　保育者の専門性の問題

障害の有無にかかわらず，いろいろなタイプの子どもを園で受け入れようとすると，やはり保育者の専門性が問われてきます。ところが，保育者の専門性と，障害に対する専門性とでは，大きな違いがあるということを，意識している保育者はそれほど多くはありません。

そのことを以下の問いから具体的に考えてみたいと思います。

【問い】

あなたのクラスに，自閉症スペクトラム障害の子どもが入園してくることになりました。あなたはどのような保育をしようとしますか？

多くの方は，自閉症スペクトラム障害とはどのような障害なのか，いろいろ調べて，どのように対処すればよいかを調べると思います。自閉症について，知識をもつことはとても大事なことです。その一方で，自閉症について詳しく調べれば調べるほど，どのように自閉症の子どもにかかわればよいかという，“how-to” ばかりに目がいくことにはならないでしょうか？

事前に自閉症スペクトラム障害についての情報が多くあればあるほど，その子どもがどんな子かというより，「自閉症スペクトラム障害の子ども」であるという枠組みで子どもを見てしまい，自閉症児としてどうかかわればよいかという答えを，実際に子どもと出会っていないにもかかわらず，障害の専門家や本などの資料に求めてしまう危険性があるのです。

保育者の専門性はあくまでも子ども理解にあります。それはどんな子であっても，基本は同じです。もう少し詳しく言えば，豊かな環境の中で，また子ども同士がかかわり合うような環境の中で，どのような子どもの姿がみられるかで，保育者は子ども理解を深めていきます。

「自閉症」という診断名が出ている子どもであっても，実に多様な子どもがいます。第2章でも触れましたが，以前，筆者の園に一卵性双生児で，二人とも自閉症であったお子さんたちが入園したことがありました。しかし双子であっても，二人の性格は，好きな遊び，自分の出し方も含め，大きく異なっていました。そのように，同じ自閉症といっても，個々にタイプが違う子どもの姿を受け入れた上で，その子どもたちにどうかかわるかのかを考えていくことが保育なのです。

さらに言えば，子ども同士のかかわりがあるということが，障害児保育の大きな意味です。療育センターでは，障害があって，できないことや苦手な部分を，どのように療育していくかが主な役割になります。一方，幼稚園や保育所等では，子ども同士のかかわりの中でお互いを理解し合い，そこで新たなことに挑戦したり，できないことができるようになっていくなど，共に生活していることの楽しさやおもしろさを感じていくことがとても重要な意味をもつのです。

このように障害児保育を考えてみると，保育者に求められる専門性とは，単に障害についての知識や情報を詳しく知っていることではないことがわかっていただけると思います。

3 療育機関との連携

保育者としての専門性が，障害児保育にも求められるとすると，療育機関との連携についても，それぞれの役割をきちんと意識する必要が出てきます。最近では，配慮すべき子どもや育てにくい子どもが増えてきたこともあって，公の療育センターだけでなく，いろいろなタイプの療育を行う民間の療育機関が増えてきています。

子どもが園に通っているのであれば，どの療育機関であっても，お互いに子どもの様子を共有するなどの連携はどうしても必要なことになります。ただ，園として，障害のある子どもに対してどのような保育を行うかという姿勢があいまいになると，療育的なやり方をそのまま園に持ち込んだほうが保育もしやすいという理由から，障害のある子どもを他の子どもとは分けて，療育で行っているような指導を同じように園でも行えばよいと思いがちです。ただ，これからの障害児保育の流れは，障害の有無にかかわらず，共に生活するインクルージョンが大きな方向性として示されています。そうであるならば，幼稚園や保育所等に求められている役割は，療育機関とは違うものでなければなりません。クラスの子どもとのかかわりの中で，笑顔を見せる障害のある子どもの姿を保障することこそが，園に求められている障害児保育であることを，どの園もきちんと自覚すべきだといえます。

4 小学校教育への接続

乳幼児期には，多くの子どもたちと共に過ごした障害児が，個別か集団かの大きな選択を迫られるのが，小学校への就学です。いまの小学校の制度（ここでは横浜市を例とします）では，小学校の就学に関しては，特別支援相談センターの受診を通して，普通級，通級（週１度程度個別指導を受ける），特別支援学級，特別支援学校に分かれることになります。[*7]

乳幼児期に多くの子どもと一緒に過ごしてきて，人とかかわる楽しさが身についてきたとしても，今の制度では，多くの障害のある子どもは，特別支援学級に就学することが一般的です。小学校では，教科書を使い，座学で，様々な教科を学ぶことを考えると，個別に丁寧に指導が受けられる特別支援学級での学習環境が，一見好ましく見えるのです。ただし，学校によっても大きく対応が異なるのですが，普通級と特別支援学級との交流が，1週間の中でほとんどない学校もあります。

人は人とのかかわりの中で育ち，多くのことを学ぶとすれば，せっかく，乳幼児期に，人と一緒にいることの楽しさやおもしろさを学んでも，小学校以上の教育の中で，その力が生かされないことも起こっています。

もちろん，小学校でもフリーの教師やボランティアをつける努力をして，できるだけ普通級で過ごせるように，配慮してくれている学校もありますが，まだ十分とはいえません。障害の有無にかかわらず，一人一人の子どもが共に生活し，その中で成長していくような保育や教育のあり方が，障害児保育を充実させることで，小学校へも広がっていくことが求められているのです。

まとめ

本章では，障害のある子どもの保健，医療，保育，教育における現状と課題について学びました。共生社会の中で，障害のある子どもがそのニーズにあった支援を受け，発達を保障するための仕組みとして早期発見，早期療育の重要性は明らかですが，その方法や体制にはまだ多くの課題があります。さらに共生社会を実現するための理念であるインクルーシブ保育，教育についても，現状ではその本来の姿が実現されているとはいえません。こうした課題を解決し，真の共生社会を実現するために保育所・幼稚園・認定こども園等の体制，そして保育者に求められる専門性や，保育所・幼稚園・認定こども園と小学校，養育機関との連携について理解を深めることが求められます。

＊7　第12章も参照。

さらに学びたい人のために

○宮尾益知（監修）『ASD（アスペルガー症候群），ADHD，LD 女の子の発達障害――“思春期”の心と行動の変化に気づいてサポートする本』河出書房新社，2016年。

最近，女の子の発達障害が取り上げられることが増えました。女の子の発達障害は，男の子と異なる表れ方をして，目立ちにくく，母子関係の問題や心理的な問題に見えがちであること，そうした中で，無理を重ねた女の子たちが思春期に精神的な問題を抱えたり，身体にストレスが現れることが多いことが明確になってきたからです。困難を抱えた女の子たちに「発達障害」というレッテルを貼るのではなく，少し異なった視点で見ていくと，気持ちに寄り添うことができるかもしれません。そうした手立てとなる本です。

○渡部信一（編著）『自閉症児の育て方――笑顔で育つ子どもたち』ミネルヴァ書房，2004年。

この本には，自閉症の我が子に対して，「訓練」に頼らない子育てを選択したお母さんたちの生の声が集められています。親としての体験談だけでなく，長期的な視点で，自閉症児である我が子が，「訓練」をせずにどのように育っていったかについても触れています。自閉症児にどうかかわるべきかを考えさせてくれる本ではあるのですが，それだけでなく，人が「自ら学んでいく」ためには，どんなことが大事かを示唆してくれる本でもあります。

《監修者紹介》

汐見稔幸（しおみ　としゆき）

現　在　東京大学名誉教授。

大豆生田啓友（おおまめうだ　ひろとも）

現　在　玉川大学教授。

《執筆者紹介》（執筆順，担当章）

市川奈緒子（いちかわ　なおこ）はじめに，第11章，第14章第２節

編著者紹介参照。

渡邉英則（わたなべ　ひでのり）第１章，第２章，第13章，第14章第３節

編著者紹介参照。

河合隆平（かわい　りゅうへい）第３章

現　在　東京都立大学准教授。

主　著　『発達保障の道――歴史をつなぐ，社会をつくる』（単著）全国障害者問題研究会出版部，2018年。

『発達保障論の到達と論点』（共著）全国障害者問題研究出版部，2018年。

榊原洋一（さかきはら　よういち）第４章，第14章第１節

編著者紹介参照。

松井剛太（まついごうた）第５章，第６章

現　在　香川大学准教授。

主　著　『特別な配慮を必要とする子どもが輝くクラス運営――教える保育からともに学ぶ保育へ』（単著）中央法規出版，2018年。

『保育原理（アクティベート保育学１）』（共著）ミネルヴァ書房，2019年。

吉川和幸（よしかわ　かずゆき）第７章，第８章

現　在　帝京科学大学准教授。

主　著　『つながる・つなげる障害児保育――かかわりあうクラスづくりのために』（共著）保育出版社，2017年。

『障害児保育（保育士等キャリアアップ研修テキスト３）』（共著）中央法規出版，2018年。

東　重満（ひがし　しげみつ）第９章

現　在　美晴幼稚園園長。

瀬山さと子（せやま　さとこ）第10章

現　在　うーたん保育園園長。

久保山茂樹（くぼやま　しげき）第12章

現　在　国立特別支援教育総合研究所上席総括研究員。

主　著　『まるっと１年マンガでなるほど　気になる子の保育』（単著）メイト，2017年。
『障害児保育――障害のある子どもから考える教育・保育』（共編著）光生館，2018年。

木村泰子（きむら　やすこ）第13章

現　在　大空小学校元校長。

主　著　『「ふつうの子」なんて，どこにもいない』（単著）家の光協会，2019年。
『10年後の子どもに必要な「見えない学力」の育て方――「困った子」は「困っている子」』（単著）青春出版社，2020年。

《編著者紹介》

榊原洋一（さかきはら　よういち）

現　在　お茶の水女子大学名誉教授。

主　著　『子どもの発達障害　誤診の危機』（単著）ポプラ社，2020年。
『発達障害のある子のサポートブック――教育・保育の現場から寄せられた不適応行動・学習困難への対応策3300（第２版）』（共著）学研教育みらい，2020年。

市川奈緒子（いちかわ　なおこ）

現　在　白梅学園大学教授。

主　著　『発達が気になる子どもの療育・発達支援入門――目の前の子どもから学べる専門家を目指して』（共編著）金子書房，2018年。
『障害児保育（MINERVA 保育士等キャリアアップ研修テキスト３）』（編著）ミネルヴァ書房，2020年。

渡邉英則（わたなべ　ひでのり）

現　在　ゆうゆうのもり幼保園園長，港北幼稚園園長。

主　著　『子どもを「人間としてみる」ということ』（共著）ミネルヴァ書房，2013年。
『保育内容総論（新しい保育講座）』（共編著）ミネルヴァ書房，2020年。

アクティベート保育学⑭

障害児保育

2021年３月30日　初版第１刷発行　〈検印省略〉

定価はカバーに
表示しています

監修者　汐見稔幸
　　　　大豆生田啓友

編著者　榊原洋一
　　　　市川奈緒子
　　　　渡邉英則

発行者　杉田啓三

印刷者　江戸孝典

発行所　株式会社　ミネルヴァ書房

607-8494　京都市山科区日ノ岡堤谷町１
電話代表　(075)581-5191
振替口座　01020-0-8076

共同印刷工業・藤沢製本

ISBN978-4-623-09148-5
Printed in Japan